Mitología brasileña

Apasionantes cuentos populares, vibrante folclore, leyendas míticas y deidades de Brasil

© Copyright 2025

Todos los derechos reservados. Ninguna parte de este libro puede ser reproducida de ninguna forma sin el permiso escrito del autor. Los revisores pueden citar breves pasajes en las reseñas.

Descargo de responsabilidad: Ninguna parte de esta publicación puede ser reproducida o transmitida de ninguna forma o por ningún medio, mecánico o electrónico, incluyendo fotocopias o grabaciones, o por ningún sistema de almacenamiento y recuperación de información, o transmitida por correo electrónico sin permiso escrito del editor.

Si bien se ha hecho todo lo posible por verificar la información proporcionada en esta publicación, ni el autor ni el editor asumen responsabilidad alguna por los errores, omisiones o interpretaciones contrarias al tema aquí tratado.

Este libro es solo para fines de entretenimiento. Las opiniones expresadas son únicamente las del autor y no deben tomarse como instrucciones u órdenes de expertos. El lector es responsable de sus propias acciones.

La adhesión a todas las leyes y regulaciones aplicables, incluyendo las leyes internacionales, federales, estatales y locales que rigen la concesión de licencias profesionales, las prácticas comerciales, la publicidad y todos los demás aspectos de la realización de negocios en los EE. UU., Canadá, Reino Unido o cualquier otra jurisdicción es responsabilidad exclusiva del comprador o del lector.

Ni el autor ni el editor asumen responsabilidad alguna en nombre del comprador o lector de estos materiales. Cualquier desaire percibido de cualquier individuo u organización es puramente involuntario.

Índice

INTRODUCCIÓN 1
CAPÍTULO UNO - LOS MITOS DE LA CREACIÓN 5
CAPÍTULO DOS - ESPÍRITUS SUPERIORES 18
CAPÍTULO TRES - MITOS FLUVIALES 27
CAPÍTULO CUATRO - CUENTOS DE JAGUARES 33
CAPÍTULO CINCO - BESTIAS MONSTRUOSAS 40
CAPÍTULO SEIS - SERPIENTES, CULEBRAS Y GUSANOS 50
CAPÍTULO SIETE - LOS FANTASMAS BRASILEÑOS 58
CAPÍTULO OCHO -INFLUENCIAS AFRICANAS 64
CAPÍTULO NUEVE - CUENTOS POPULARES Y DE HADAS 71
CONCLUSIÓN 78
VEA MÁS LIBROS ESCRITOS POR ENTHRALLING HISTORY ... 82
REFERENCIAS 83

Introducción

La mayor parte del norte de Brasil, aproximadamente el 40 % del país, está surcado por la cuenca del Amazonas. El río Amazonas, que fluye de oeste a este desde los Andes, atraviesa ocho países, pero principalmente Brasil y Perú. El río desemboca en el océano Atlántico, en la bahía de Marajó, Brasil. El río Amazonas tiene el mayor volumen de agua de todos los ríos del mundo y el mayor sistema de drenaje. Esta vasta y extensa región tiene una extensión aproximada de 6,9 millones de kilómetros cuadrados (2,72 millones de millas cuadradas) y su clima es tropical y cálido (alrededor de 21 a 32 °C o 70 a 90 °F) con un gran volumen de precipitaciones (150 a 500 centímetros o 60 a 200 pulgadas) durante todo el año.

Dos tercios de la cuenca del Amazonas están cubiertos por vastos bosques de frondosos árboles de madera dura. En la selva amazónica crecen más de cuarenta mil especies de plantas. Hay 2,5 millones de especies diferentes de insectos, 3.000 especies de peces, unas 1.300 especies de aves y 427 tipos de mamíferos. Es el lugar con mayor diversidad biológica de la Tierra.

A veces se hace referencia a la selva amazónica como los «pulmones de la tierra», y con razón. La exuberante y diversa flora absorbe dióxido de carbono y emite al menos el 6 % del oxígeno del mundo. (Históricamente, la cifra era mucho mayor, un 20 %, pero estudios recientes sugieren que los organismos fotosintéticos que viven en el océano aportan una proporción mayor de oxígeno a la atmósfera terrestre de lo que se había entendido en un principio).

Las copas pesadas y anchas de los árboles inmensamente altos (muchos de ellos miden de 150 a 200 pies o de 45 a 60 metros) forman el dosel cerrado que protege la selva de la mayor parte de la luz solar. Sus ramas proporcionan hábitats para ranas arborícolas, serpientes, monos (incluidos el tití cabeza de bufón y el capuchino crestado, que son autóctonos únicamente de Brasil), una increíble variedad de aves e invertebrados, incluidas arañas e insectos (escarabajos, polillas, abejas, avispas, hormigas, termitas y mariposas). Aunque el suelo de la selva tropical es relativamente pobre, proporciona las condiciones perfectas para los caimanes, las serpientes más grandes como las anacondas y las boas constrictoras, y animales como las capibaras, los jaguares y los perezosos.

En los canales fluviales de corriente lenta y en los lagos hay manatíes, delfines de agua dulce y tortugas, aunque su número se ha visto seriamente mermado debido a la caza por su carne. También hay varias especies de pirañas y anguilas eléctricas. Esta rica y diversa flora y fauna, en gran parte exclusiva de la región, ha dado lugar a una gran cantidad de historias y mitos a lo largo de los tiempos.

El propio descubrimiento del Amazonas por los europeos fue el resultado de la persecución de un mito imposible. Francisco de Orellana, conquistador y explorador español que había ayudado a su primo, Francisco Pizarro, a tomar posesión de Perú, partió en una expedición dirigida por el hermanastro de Pizarro para explorar las regiones situadas al este de Quito. En abril de 1542, se adelantó a la partida principal en un velero de dos mástiles para aprovisionarse y llegó a la confluencia de los ríos Napo y Marañón. Al darse cuenta de que sería temerario intentar regresar debido a la corriente, navegó a la deriva con la marea hasta que llegó a la desembocadura del Amazonas en agosto. Cuando finalmente regresó a España (tras una breve estancia en Trinidad), tenía notables historias que contar.

Habló de El Dorado, que se cree que es una referencia a la antigua cultura del pueblo muisca, que ofrecía copiosas cantidades de oro a una laguna cercana a Bogotá, Colombia, durante las ceremonias de investidura de los nuevos jefes. El jefe recién nombrado navegaba por las aguas azules en una balsa dorada cubierta de miel y polvo de oro, lo que debió de ser todo un espectáculo si Orellana lo presenció realmente.

Orellana también relató el ataque de una tribu de mujeres guerreras que se parecían a las legendarias Amazonas de la literatura griega clásica. Puede que se tratara de una tribu sin barba que disparaba al barco desde las orillas del río a cierta distancia; él y sus hombres los confundieron con mujeres.

Orellana tenía muchas ganas de volver para hacer otra exploración de este enorme río que había pasado a llamarse Amazonas por la mítica tribu griega, pero España y Portugal mantenían una agria disputa por la propiedad de las tierras. El rey se negó a financiar tal viaje, pero ofreció cierta ayuda extraoficial. El regreso de Orellana a Sudamérica fue un desastre desde el principio. Perdió barcos y hombres cruzando el Atlántico desde España, y cuando por fin regresó al Amazonas, su barco zozobró y él se ahogó.

Los rumores de una maravillosa ciudad de oro captaron el interés de los exploradores europeos, que ya estaban enamorados de las nuevas y exóticas tierras sudamericanas. Se apresuraron a realizar expediciones en Colombia, Venezuela, Guayana y el norte de Brasil, prometiendo la posibilidad de inmensas riquezas a sus mecenas. Sir Walter Raleigh realizó dos de esos viajes para la reina Isabel I de Inglaterra, y los conquistadores ibéricos continuaron sus búsquedas, pero nunca se encontró tal ciudad. No fue hasta principios del siglo XIX que el rumor fue finalmente descartado como mito.

Incluso el nombre de Brasil puede proceder de un mito. Pedro Álvares Cabral, el primer europeo que dirigió una expedición a Brasil, bautizó la región como Ilha de Vera Cruz («Isla de la Vera Cruz») en 1500. Más tarde se descubrió que la región no era una isla, y comenzó a conocerse como Terra de Santa Cruz («Tierra de la Santa Cruz»). Comenzó a llamarse Brasil en algún momento del siglo XVI. Este nombre derivaba del árbol de madera roja *paubrasilia*. Se decía que su madera carmesí era del color *brasa* (brasas en latín) y que resultaba ser una madera resistente capaz de soportar cargas pesadas. También era conocida por ser particularmente atractiva. Rápidamente, se convirtió en un recurso muy valioso y la madera se enviaba a Portugal para la construcción y por el tinte rojo que se podía extraer de su corteza.

Sin embargo, se ha sugerido (concretamente en un ensayo del escritor J. R. R. Tolkien) que el país de Brasil podría haber recibido su nombre de la mítica y escurridiza isla de Hy-Brasil. Supuestamente, solo es visible a través de la niebla cada siete años y se dice que se encuentra en algún lugar al oeste de Irlanda, en el océano Atlántico, pero los etimólogos han descartado esta idea por considerarla fantasiosa.

El país moderno de Brasil es el quinto más grande del mundo después de Rusia, China, Canadá y Estados Unidos. Ocupa una superficie enorme, por lo que no debe sorprender que fuera el hogar de muchos grupos tribales diferentes. Se calcula que cuando Cabral y su flota se toparon con Brasil, vivían allí unas dos mil tribus, entre dos y cinco millones de personas. La mayoría eran seminómadas y vivían en zonas costeras o junto a ríos donde abundaban los peces y podían cultivar plantas para alimentarse.

Se cree que sus antepasados emigraron originalmente quince mil años antes desde Asia por el estrecho de Bering. Desde allí, se desplazaron gradualmente hacia el sur a través de Norteamérica. Con el paso de los años, los indígenas empezaron a formar mitos sobre la tierra que les rodeaba. Al pasar los siglos, estos mitos se transformaron debido a la colonización, la conversión al cristianismo y la esclavitud. Las ideas europeas, en particular la religión, influyeron en los personajes de los cuentos antiguos. Se contaban mensajes diferentes y las nuevas generaciones transmitían la versión alterada, perdiéndose a menudo el original en el tiempo.

Hoy en día, Brasil es visto como un país creativo, vibrante y con una fuerte identidad, a pesar de que su población tiene una herencia tan diversa. Es un país asociado a los deportes, en particular al fútbol, la samba, los carnavales, la gastronomía y la literatura.

La destacada tradición literaria de Brasil continúa lo que hicieron los antiguos pobladores. En los últimos tiempos, tiende a tratar temas de injusticia social y racial. Elementos de la rica mitología del país aparecen referenciados y reflejados en poesías y novelas elaboradas por escritores familiarizados con estas tradiciones.

Capítulo uno - Los mitos de la creación

Las historias brasileñas sobre cómo surgieron el mundo y la humanidad son tan variadas y diversas como su gente y paisajes. Algunos de estos mitos se han perdido, están incompletos o se han modificado a lo largo de los tiempos, pero los que se conservan ofrecen una visión fascinante de las culturas y comunidades brasileñas.

El pueblo tupí habitaba unas tres cuartas partes de las regiones costeras de Brasil cuando llegaron los portugueses a principios del siglo XVI. Eran agricultores consumados y cultivaban una gran variedad de verduras y legumbres. Aunque estaban divididos en numerosas tribus individuales, de entre trescientas y dos mil personas, compartían una lengua común. Los colonos portugueses descubrieron que los tupis no tenían una religión discernible, pero existían mitos y leyendas que los colonizadores quizá pasaron por alto en su entusiasmo por poner a este pueblo bajo el ala del cristianismo.

Los tupis contaban historias de un dios llamado Nhanderuvuçu. Era el dios principal y el creador. Destruyó todo lo anterior y luego produjo dos almas a partir de las cuales creó todo: el mundo, el aire y el agua. Deshizo el caos para poner orden, lo que dio origen a las demás deidades tupis.

Uno de ellos era Tupã, el dios del trueno y de los cielos. Un día, soltó dos pájaros en el cielo. Uno era Guaraci, el dios del sol. Era el responsable de todos los seres vivos durante el día. El otro pájaro, Jaci, se convirtió en la luna y supervisaba todos los seres vivos durante la noche.

En otra versión, Tupã solo creó a Guaraci. Estaba agotado de supervisar sin cesar el mundo. Así que Tupã le hizo una hermana cuyo brillo lunar impediría que el mundo cayera en la oscuridad total mientras el dios sol dormía. Cuando Guaraci la vio, quedó deslumbrado por su belleza y agradeció la oportunidad de dormir para poder despertar y quedar cautivado por ella de nuevo.

Guaraci pidió a Tupã que le transmitiera su profunda admiración por Jaci. Tupã formó a Rudá, el dios del amor y el afecto, para que llevara estos mensajes a Jaci mientras el enamorado dios del sol dormía.

Jaci estaba en la selva tropical cuando por fin conoció a su hermano Guaraci. Estaba tan hipnotizada por su magnificencia dorada y reluciente como él lo estaba con ella, y mientras ambos se contemplaban, la ardiente pasión de Guaraci amenazaba con incendiar la tierra. Las lágrimas de amor y felicidad de Jaci casi hicieron que la tierra se inundara. Se dieron cuenta de que nunca podrían estar juntos, así que se separaron a su pesar.

El irresponsable Guaraci pronto se olvidó por completo de su amor lunar, ya que ella se cuidaba mucho de no aparecer hasta que él dormía. Sin embargo, Jaci permaneció con el corazón roto. Sus lágrimas cayeron a la tierra y bajaron por las montañas, formando finalmente el poderoso río Amazonas.

Jaci era la más bella y benévola de todos los seres divinos. Era la responsable de las plantas y de la reproducción. A pesar de su hermosura, se encontraba aislada y sola, añorando a su amado en el fresco cielo nocturno. Así que, de vez en cuando, elegía a una joven pura para que se uniera a ella en los cielos como estrella.

Una niña, llamada Naiá, anhelaba unirse a Jaci y convertirse en una de sus doncellas celestiales. Vagó por los claros del bosque y las montañas, buscando a la luna con la esperanza de persuadirla, pero nunca pudo encontrarla. A medida que pasaba el tiempo, Naiá se negaba a comer. Preocupada por su búsqueda, empezó a consumirse.

Una noche, se despertó y vio la luna reflejada en un lago. Como en un sueño, se lanzó al agua con los brazos extendidos como para abrazar a la luna y se ahogó.

Jaci vio lo ocurrido y se sintió conmovida por el sacrificio de la niña. Decidió concederle un honor único, permitiéndole vivir para siempre entre el agua y el cielo. Naiá se convirtió en la «estrella del agua», el nenúfar amazónico (*Victoria amazónica* o *Vitória-Régia*), una flor blanca gigante que solo dura cuarenta y ocho horas. Abre sus pétalos de color blanco lechoso la primera noche y luego cambia de color a un rojo violáceo cuando vuelve a abrirse la segunda noche. Esta es Naiá, abriendo los brazos para bañarse en la luz de la luna.

En el periodo en que el día se convierte en noche, las mujeres piden tradicionalmente a Jaci que proteja a sus hombres que salen de caza nocturna. Ella anima a estos cazadores a volver rápidamente a casa con sus esposas, despertando de nuevo su amor por ellas mientras están fuera. En algunas versiones de esta historia, el dios del amor, Rudá, estaba acompañado por Cairé, la luna llena, y Caititi, la luna nueva. Estas eran las épocas en las que los amantes debían de unirse.

El dios tupí del inframundo era Añangá, que también era el protector de los animales. Ceuci era la diosa de los campos y las viviendas, y Sumé el dios de la agricultura y la disciplina.

Los guaraníes son otro grupo indígena de Sudamérica. Se distinguen de los tupíes por el uso de la lengua guaraní y eran más prominentes en las regiones meridionales de Brasil, Paraguay, Argentina y Bolivia. Su mito de la creación comienza con el matrimonio de Tupã con la diosa de la luna Arasy. Con su ayuda, bajó a la Tierra para crearlo todo: los mares, los ríos, los bosques y las montañas. Después vinieron todos los seres vivos y, finalmente, Tau, el espíritu del mal, y Angatupyry, el espíritu del bien.

Los primeros humanos creados por Tupã fueron Rupave y Sypave. Tupã fue bueno con ellos y les ayudó a aprender habilidades esenciales para la vida, como cazar, construir refugios y cómo se podían utilizar ciertas plantas para comer o curarse. Los animó a tener muchos hijos juntos. Su segundo hijo, Marangatú, se convirtió en un gran líder de la humanidad. Tuvo una hermosa hija llamada Kerana. Cuando el espíritu maligno Tau vio a la encantadora Kerana, estaba decidido a tenerla. Así que se transformó en un apuesto desconocido para seducirla. Sin embargo, cuando llegó a su casa, Angatupyry lo estaba esperando, habiéndose dado cuenta de sus malas intenciones.

Durante siete días, los espíritus buenos y malos lucharon hasta que Tau fue derrotado y el bien prevaleció. Pytajovái, el dios del valor y los guerreros, lo exilió. Todo parecía ir bien hasta que el malvado Tau regresó en plena noche y secuestró a Kerana.

Juntos, Tau y Kerana tuvieron siete hijos, pero Arasy se horrorizó ante el secuestro de Kerana y los maldijo a todos. Se convirtieron en seres horribles. El mayor era Teju Jagua, un lagarto gigante con siete cabezas de perro cuyos ojos ardían en fuego. Tupã consiguió domesticarlo y lo convirtió en el espíritu de las cuevas. Solo comía fruta y miel, y llevaba una vida tranquila, guardando los tesoros que se encontraban en las cavernas. Teju Jagua era casi inmóvil debido al peso de sus numerosas cabezas de perro. Se revolcaba en sus oscuras moradas subterráneas, de forma que los fragmentos de oro, plata y gemas de colores se pegaban a su piel escamosa.

El segundo hijo, Mbói Tu'ĩ («loro serpiente»), se convirtió en una enorme serpiente con cabeza de loro y una lengua bífida de color rojo sangre. Tenía la cabeza cubierta de plumas y su violento graznido podía oírse a kilómetros de distancia. Cualquiera que se cruzara con él estaba destinado a la mala suerte. Se convirtió en el protector de todas las criaturas acuáticas y de las tierras pantanosas.

Moñái, el tercer hijo de Tau y Kerana, se convirtió en el dios del aire y de los campos abiertos. Tenía el cuerpo retorcido de una serpiente y dos cuernos en forma de antenas en la cabeza. Su mirada era mesmerizante e hipnótica, y se enroscaba alrededor de los árboles para capturar pájaros y comérselos.

Jasy Jateré, el cuarto hijo, es descrito a menudo como una especie de duende o gnomo. Su nombre significa «pequeño trozo de luna», y esto se manifestaba en su lustroso cabello pálido. Tenía unos sorprendentes ojos azules y a menudo portaba un bastón mágico. Llevaba sombrero, pero por lo demás iba desnudo. Su sombrero potenciaba sus poderes, que eran desagradables y perturbadores. Silbaba como un pájaro para atraer a los niños y luego los secuestraba. Los llevaba a una remota zona montañosa donde jugaba con ellos y les daba de comer miel o frutas dulces. Luego, cuando se disponía a abandonarlos, los lamía o besaba, dejándolos sordos, sufriendo convulsiones o provocándoles alguna otra afección debilitante de larga duración. En algunas versiones, prefería ahogar al desafortunado niño. Los guaraníes decían que podía quedar indefenso si se le atiborraba de bebida y si se le arrebataba su bastón. Si esto ocurría, sollozaba lastimosamente, como uno de los niños a los que había atraído.

En otras versiones de la historia de Jasy Jateré, este busca a los niños que no duermen la siesta. Como tal, se le convirtió en el espíritu de la siesta y guardián de la yerba mate, una planta originaria de Sudamérica que se puede remojar en agua para hacer una bebida comparable al té. Esta bebida era muy popular entre los guaraníes y algunas comunidades tupíes antes de la colonización de la región. En estos cuentos, Jasy Jateré era un villano de cuidado útil para advertir a los niños que se negaban a dormir la siesta de la tarde.

Kurupi, el quinto hijo, era el espíritu de la fertilidad, la sexualidad y la lujuria. Otro ser bajo con apariencia humana, era peludo y feo y tenía un pene extremadamente largo. Su pene era tan largo que tenía que enrollárselo varias veces alrededor de la cintura como un cinturón. A menudo se lo encontraba merodeando por el bosque, con movimientos torpes y desgarbados, quizá debido a la incomodidad de su extraña deformidad. Asaltaba a cualquier mujer que se atreviera a caminar sola por allí. La dejaba muerta o embarazada tras sus atenciones. Por la noche, se atrevía a robar en las aldeas. Su pene era capaz de abrirse paso a través de puertas, ventanas y otras aberturas, lo que le permitía llegar hasta las mujeres dormidas, a las que dejaba embarazadas.

Muchos embarazos inexplicables (mujeres solteras y algunas que no habían tenido relaciones con sus maridos) se achacaban a Kurupi. Se esperaba que los niños que supuestamente había engendrado se parecieran a él. Serían bajos, morenos, feos y peludos. A veces, los niños que se ajustaban a esa descripción eran objeto de burlas, y otros decían que eran hijos o hijas de Kurupi.

El hijo más violento y salvaje, Ao Ao, era una criatura parecida a una oveja con enormes garras y enormes colmillos, que utilizaba para desgarrar la carne humana. También se lo ha comparado con un pecarí, mamífero porcino sudamericano que puede ser más agresivo que una oveja, especialmente cuando protege su territorio o a sus crías. Ao Ao recibió su nombre por el espantoso aullido que emitía y que alertaba a la gente de su presencia. Una vez que se había fijado en una víctima, la única forma de escapar era subirse a una de las palmeras sagradas para los guaraníes.

Ao Ao alimentaba de vez en cuando a los niños secuestrados por su hermano Jasy Jateré, y también se lo asocia con la reproducción, ya que fue padre de varios niños.

El séptimo y más joven de los hijos, Luisón (o a veces Lobizón), era una especie de hombre lobo. En su encarnación más temprana, representaba la muerte, ya que se alimentaba de carne podrida y merodeaba por los camposantos y cementerios. Si alguien sentía el frío contacto de su pata, moría poco después.

Afortunadamente para los guaraníes, no tuvieron que temer a esta asquerosa familia para siempre. Estos siete hermanos tenían una historia sobre su desaparición. El tercero de los hermanos, la serpiente Moñái, era un ladrón muy astuto. Robaba en las aldeas y escondía su botín en una cueva. Las comunidades a las que robaba se culpaban unas a otras de sus incursiones y lucharon amargamente entre ellas hasta que se dieron cuenta de quién era el verdadero ladrón. Una hermosa joven, Porâsí, se ofreció a ayudar a poner fin a sus fechorías y a sus viles hermanos al mismo tiempo. Coqueteó con Moñái y consiguió convencerlo de que se había enamorado de él. Antes de que pudieran casarse, ella pidió conocer a los hermanos de él.

Se quedó con Teju Jagua mientras Moñái iba a reunir a sus hermanos para la ceremonia. Cuando todos se reunieron en la cueva del hermano mayor, Porâsí se aseguró de que cada uno de ellos tuviera abundante bebida. Pronto, estaban completamente ebrios. Intentó escabullirse con la intención de sellar la cueva con una gran piedra, dejando a los horribles hermanos dentro, pero Moñái la agarró. Gritó para alertar a la gente que esperaba fuera con la gran piedra y les dijo que cerraran la cueva con ella dentro, sacrificándose.

Los monstruosos hijos de Tau y Kerana ya no existían. Angatupyry levantó el alma de la valerosa Porâsí de la oscura cueva donde había muerto y la convirtió en la estrella de la mañana para recordar al pueblo su sacrificio.

El pueblo Xingu, que hoy habita parte de Mato Grosso, un estado del centro de Brasil, al sur de la selva amazónica, cuenta una triste historia sobre la creación del primer hombre, Mavutsinim, que vivía completamente solo. Se sentía desesperadamente solo hasta que transformó una concha (o una almeja) en una mujer y se casó con ella. Con el tiempo, tuvieron un hijo. Mavutsinim se lo llevó para viajar y cazar con él. La madre del niño quedó desolada. Lloró desconsoladamente y regresó a su laguna para convertirse de nuevo en concha. Esta historia se considera a menudo una alegoría del círculo de la vida, en particular para las mujeres. Nace, abandona el hogar familiar para casarse y ser madre, siente una gran pérdida cuando sus hijos crecen y abandonan el hogar, y finalmente muere. La desconsideración o crueldad de Mavutsinim hacia su concha o esposa es un presagio de la misoginia a la que se enfrentaban las mujeres en épocas menos ilustradas.

En el estado de Pará, situado en el norte de Brasil, los indígenas arará hablan de Akuanduba, su creador. Existió en una época en la que el cielo y el agua estaban separados solo por una pequeña concha. En aquella época, los humanos eran las estrellas del cielo y llevaban una existencia sencilla comiendo, bebiendo y durmiendo. Cuando esta gente de las estrellas empezaba a comer, beber o dormir en exceso, alteraban el equilibrio natural y Akuanduba tocaba su flauta mágica para que se restableciera el orden.

Como los humanos carecen de autodisciplina y sentido común y no pueden ver lo que es mejor para ellos, esta existencia pacífica llegó a su fin cuando los habitantes de las estrellas empezaron a robarse egoístamente unos a otros. Esto degeneró en tanta rabia y resentimiento, que no pudieron, o más bien no quisieron, escuchar las notas conciliadoras de la flauta de Akuanduba. El cielo se rompió y la luna y todo el pueblo de las estrellas cayeron al agua.

Los ancianos de las estrellas y los niños pequeños se ahogaron o murieron por el impacto de la caída. Los pájaros se alarmaron al ver el desastre y un curica (un loro) consiguió hacerse con la luna y la arrastró de vuelta a los cielos. Se dice que una pequeña hendidura dejada por su pico aún puede verse a veces en la superficie de la luna. Los loros se abalanzaron sobre el agua, recogieron a algunos de los supervivientes y los devolvieron a los cielos, donde siguieron existiendo como estrellas.

Sin embargo, el agua estaba llena de espíritus malignos y los supervivientes empezaron a experimentar una miseria que nunca habían vivido como estrellas bajo la tutela de Akuanduba. Este había perdido el interés en ayudarlos y se había transformado en un terrible jaguar negro que acechaba a la gente.

Con el tiempo, el pueblo consiguió formar una comunidad con la ayuda de las criaturas de la tierra. Los perezosos les enseñaron a festejar y los guacamayos hicieron fuego para ellos. Descubrieron los animales y plantas comestibles del bosque y aprendieron a construir y tejer. Incluso fabricaron flautas para poder hacer música y cantar como cuando eran estrellas en el cielo.

Los arará se convirtieron en grandes guerreros y cazadores, y siempre se mostraron agradecidos y respetuosos con las aves que los salvaron. El nombre arará significa «pueblo de los guacamayos rojos» (la palabra tupí para guacamayo es *arã*).

La etnia indígena yanomami de la región norte del estado de Amazonas habla de un dios con forma de pájaro llamado Omam (u Omai) que creó el mundo. Lo mantenía y reparaba añadiendo capas de naturaleza, como las nubes, el cielo y los mares. Cuando estuvo satisfecho, fue a pescar al océano para apreciar lo que había hecho. Allí encontró a una mujer. Cuando hubo «liberado» sus órganos sexuales utilizando dientes de piraña, la convirtió en la madre de todo el pueblo.

El pueblo baniwa, que vive junto al río Içana en las fronteras de Brasil, Colombia y Venezuela, tiene un mito extremadamente complejo sobre el origen del mundo. Al principio de los tiempos, la tierra era muy pequeña y todos los animales y las personas vivían en el caos. Los animales eran feroces y salvajes. Un día, el amo de los animales devoró a uno de ellos y luego arrojó al río uno de los huesos de sus dedos.

Una anciana emparentada con esta persona lloró tan amargamente su pérdida que el amo de los animales (a veces llamado Enumhere) le permitió ir a buscar este hueso. En su interior había tres pequeños camarones llamados Nhiãperikuli («El que está dentro del hueso»). La anciana se llevó el hueso a su casa y lo alimentó. Las gambas se transformaron en grillos. Cuando ella los alimentó, empezaron a cantar y a crecer. Bajo sus cuidados, cada día eran más grandes y acabaron convirtiéndose en humanos.

Estos Nhiãperikuli empezaron a cambiar el mundo. Introdujeron el orden y, cuando estuvieron listos, se vengaron de los animales salvajes que habían devorado a la familia de la anciana.

El amo de los animales estaba furioso con este nuevo mundo, pero disimuló astutamente sus verdaderos sentimientos y pidió a los hermanos que le ayudaran a establecer un jardín. Mientras inspeccionaban la zona, prendió fuego a los bordes de la tierra. Pronto se produjo una enorme llamarada. Cada hermano hizo un agujero en uno de los árboles de embaúba y se metió en ellos. Cuando las llamas alcanzaron estos árboles, explotaron y los Nhiãperikuli volaron por los aires. Esto los hizo inmortales.

Los tres hermanos tuvieron juntos un hijo llamado Kuwai. Su cuerpo estaba lleno de agujeros y encerraba todos los elementos naturales del mundo. Amaru, la «primera» mujer (la anciana que nutrió a los Nhiãperikuli aparentemente no contaba), apareció más o menos al mismo tiempo.

Dentro de Kuwai estaba todo lo que hace que el mundo sea como es: las vistas, los sonidos, los olores y los sabores. A medida que estas cosas se liberaban de él, el mundo crecía hasta alcanzar su tamaño real. Además de poblar la tierra con todos los elementos conocidos — espíritus, animales, enfermedades, canciones y los sonidos del bosque—, se dirigió a la gente y les explicó la naturaleza de la existencia.

En este punto, esta historia de origen común se entrelaza con el mito de otro personaje importante de la mitología brasileña, Yuparí. Sin embargo, en la tradición del pueblo baniwa, Kuwai se convirtió en un monstruo para devorar a tres muchachos desobedientes que habían roto su proceso de iniciación comiendo nueces tostadas. Después, los Nhiãperikuli empujaron a Kuwai a un infierno, lo que hizo que la tierra volviera a contraerse a su tamaño más pequeño.

Los chamanes, o *pajé*, de la región cuentan que este no fue en absoluto el final de Kuwai. Se retiró al centro del mundo para convertirse en el amo de la enfermedad. Todas las enfermedades, dolencias y malas condiciones de salud se generaron a partir de sus restos terrenales y envenenaron el entorno. Su cuerpo espiritual estaba cubierto de un espeso pelaje negro como el del perezoso. Cuando se encontraba con las almas de los enfermos, las envolvía en sus brazos —del mismo modo que el perezoso— y les exprimía el aliento mientras los *pajés* negociaban frenéticamente con él con la esperanza de que permitiera a su desafortunado paciente seguir viviendo.

De entre las cenizas del enorme incendio que había destruido la presencia física de Kuwai, el pueblo encontró pipas y trompetas sagradas. Los Nhiãperikuli indicaron a los hombres que tocaran estos instrumentos en las ceremonias sagradas, pero las mujeres sintieron envidia y los robaron. Mientras huían, tocaron las gaitas y el mundo volvió a abrirse. Nhiãperikuli y los hombres, en forma de animales salvajes, las cazaron para recuperar los instrumentos.

Posteriormente, los Nhiãperikuli dieron lugar a un grupo de personas procedentes del río Aiari. Estos serían los antepasados de la raza humana.

El universo, en este sistema de mitos baniwa, está dividido en múltiples capas, desde cuatro (Wapinakwa, «El lugar de los huesos», Hekwapi, «Este mundo», Apakwa Hekwapi, «El otro mundo», y Apakwa Eenu, «El cielo del otro mundo») hasta veinticinco: doce por encima de la llanura humana y doce por debajo. Kuwai es colocado (por los *pajé*) con los otros espíritus con los que comparten contacto, como los espíritus pájaros que les ayudan a encontrar almas perdidas en algún lugar de Apakwa Eenu.

Los Nhiãperkuli seguían siendo el ser supremo. Eran los responsables del corazón del mundo y existían en Dio, una llanura celestial donde no hay sufrimiento ni enfermedad. Con ellos vive Kamathawa, el águila arpía, un símbolo que ha llegado a representar a los chamanes y a los *pajé* en toda Sudamérica.

A Kamathawa se lo considera un centinela encargado de custodiar la sabiduría de Nhiãperkuli y los conocimientos de la medicina sagrada guardados en los cristales. En las ceremonias tradicionales, los *pajé* utilizan plumas de águila arpía para barrer y despejar los cielos con el fin de ver dentro de estos cristales e influir en el tiempo cuando la estación de las lluvias es excesiva.

Algunos creen que Kamathawa es el hermano menor de los Nhiãperkuli y que fue asesinado por unos seres malévolos. Cuando se disponían a comerse su cuerpo (habiéndolo convertido en un gran bagre), el Nhiãperkuli se transformó en avispa y consiguió recuperar el corazón de Kamathawa, que cocinó. Mientras el agua hirviendo burbujeaba y formaba espuma, empezaron a salir de ella halcones, cada uno más grande que el anterior. Finalmente, emergió la gran águila arpía y voló en círculos sobre su cabeza.

Los Nhiãperkuli dieron a esta águila Kamathawa grandes troncos para transportar. Tras recuperar su fuerza, se vengó matando y comiéndose a los enemigos que lo habían matado en su forma anterior.

Los desana (o dessana) de la cuenca del río Negro creían que todos los humanos descendían de un ser, Yebá Bëló, la «abuela del universo». Apareció de la nada y vivía en una maravillosa estructura resplandeciente hecha de cuarzo. Otros mitos tribales la describen creando el sol y a las personas a partir de sus hojas masticadas de ipadu (las hojas de la coca, una planta herbácea utilizada como estimulante y en medicina). En otra versión, tomó una semilla de tabaco de su seno izquierdo y la fecundó con leche de su seno derecho para formar la tierra.

Creó a cinco hombres del trueno que debían formar a los primeros seres humanos, pero cuando fracasaron, Yebá Bëló creó a Yebá Gõãmu, el «gran nieto del mundo» y luego a su hermano, Umukomahsu Boreka.

Los dos partieron con el tercer hombre del trueno para crear la humanidad. El hombre del trueno se transformó en serpiente y se deslizó por el lago de Leche hasta llegar al fondo. Entonces, en forma de canoa, llevó a los hermanos a este lugar encantado, y cogieron todas las cosas preciosas que pudieron encontrar en el mundo. Construyeron viviendas y sus objetos preciosos se transformaron en personas. Yebá Gõãmu les insufló vida. El hombre del trueno indicó a estos primeros hombres que fueran a coger una hoja del árbol ipadu y se la comieran. Cuando sintieran dolor en el vientre, se les dijo que encendieran una vara de fuego y la mojaran en una calabaza de agua antes de beberla. Después, debían vomitar en un lugar muy concreto. Una vez hecho esto, los primeros hombres vieron que habían dado a luz a dos hermosas mujeres. Estas personas serían los antepasados comunes de toda la humanidad.

La canoa del hombre del trueno transportó a todas las personas que habían sido creadas hasta la superficie del lago. Pisaron tierra cerca de una cascada. Yebá Gõãmu permaneció en la canoa para crear a los jefes de las seis primeras tribus, incluido Boreka, el jefe de los desana. Les dio a cada uno de ellos ciertos poderes y tesoros encantados para que sus pueblos vivieran en armonía como vecinos.

De forma reveladora, el séptimo ser que creó fue el hombre blanco, nacido con un rifle en la mano. Yebá Gõãmu no le dio ningún otro regalo, dijo que no los necesitaba. Yebá Gõãmu sabía que era intrépido y despiadado y que iniciaría guerras para robar lo que quisiera a los demás. Cuando este hombre blanco abandonó el lago, disparó su arma y, sin mirar atrás, partió hacia el sol, dispuesto a tomar lo que quisiera por la fuerza.

Los kamayurá, del noreste de Brasil, cerca de la desembocadura del Amazonas, cuentan que al principio no había luz, ya que los rayos del sol se limitaban al reino de los pájaros en el cielo. Los pueblos que existían en la tierra vivían en una oscuridad eterna hasta que el dios del sol, Kuat, se preguntó por qué su gloriosa luz no beneficiaba a todos.

El dios de la luna, Iae, le dijo que era porque Urubutsin, el rey bicéfalo de los buitres, se había apoderado de ella y había tejido las copas de los árboles con tanta fuerza que podía guardarla exclusivamente para los pájaros.

Kuat e Iae resolvieron engañar a Urubutsin, y convencieron al rey de las moscas para que llevara la efigie de un cadáver a las orillas del

Amazonas y lo llenara de gusanos. El zumbido de las moscas llamó la atención de Urubutsin. Mirando hacia abajo desde su elevada percha, pudo ver que la efigie tenía unos ojos brillantes y relucientes. Él y sus súbditos bajaron volando a investigar y, al encontrar los jugosos gusanos, se atiborraron de ellos con fruición.

Kuat e Iae se habían escondido en la efigie de otro cuerpo. Cuando Urubutsin se acercó, se agarraron a su pie y se negaron a soltarlo. Todos los cobardes súbditos de Urubutsin huyeron rápidamente, dejándole pocas opciones, salvo negociar su libertad. Tras algunas discusiones, se acordó un trato. La luz sería compartida, pero cada noche prevalecería la oscuridad y la luna vigilaría el mundo.

La historia de Iemanjá es un mito de la creación procedente de la religión africana Candomblé, que fue llevada a Brasil por los esclavizados de África Occidental y se entremezcló con el cristianismo.

Este cuento comienza en un mundo de luz perpetua. No había amaneceres, ni atardeceres, ni criaturas nocturnas, ni noches frescas. Solo había luz solar cálida y brillante.

La diosa Iemanjá vivía en las profundidades del mar. Una de sus hijas se enamoró de uno de los hombres que vivían en tierra firme y abandonó a su madre para casarse con él. Al principio, era muy feliz y amaba a su marido y su reluciente nuevo entorno. Pero al cabo de un tiempo, el resplandor interminable del sol se volvió demasiado para ella e hizo que le dolieran los ojos y la cabeza. Ansiaba volver con su madre, donde las oscuras y frescas aguas la calmarían.

Su marido estaba muy preocupado al ver a su esposa tan infeliz y enferma. Así que, cuando ella le habló del reino de Iemanjá, envió a tres de sus hombres a rogar a la diosa un poco de oscuridad fresca para su esposa.

Los hombres recorrieron el peligroso viaje bajo el agua y finalmente llegaron al reino de Iemanjá. Se postraron ante ella, rogándole un poco de la oscuridad que ansiaba la esposa de su amo. En cuanto la diosa se dio cuenta de que su hija estaba sufriendo, les dio una gran bolsa de su oscuridad submarina y les dijo que se la llevaran rápidamente, pero les advirtió que no la abrieran porque la había llenado de espíritus nocturnos. Solo su hija sería capaz de controlarlos.

Los tres hombres arrastraron la bolsa por el agua hasta tierra firme. Una vez allí, la bolsa empezó a emitir sonidos extraños. Mientras la llevaban sobre sus cabezas, empezaron a asustarse. Los chillidos y aullidos de los espíritus nocturnos no se parecían a nada que hubieran oído antes.

El primer hombre estaba tan aterrorizado que no podía dejar de temblar. El segundo sugirió que tiraran la bolsa en algún sitio y huyeran. El tercer hombre propuso que si echaban un vistazo rápido dentro de la bolsa, verían lo que estaba haciendo los espantosos ruidos y ya no tendrían miedo. Desprecintó la bolsa con cuidado, pero antes de que pudiera echar un vistazo, todos los insectos, pájaros y criaturas nocturnas salieron de ella en tropel y las estrellas saltaron al cielo.

Los hombres huyeron presas del pánico, pero afortunadamente, la hija de Iemanjá estaba esperando en la orilla. Ella saludó a los espíritus de la noche. La oscuridad descendió por todas partes y las criaturas calmaron sus ruidos hasta que solo hubo un suave zumbido. El mundo se sentía fresco y suave, y brillaba a la luz de la luna.

La hija de Iemanjá se durmió y se despertó, sintiéndose aliviada y bien de nuevo. Su marido estaba encantado de ver a su esposa feliz. Como la noche se había establecido en su nuevo hogar, la hija de Iemanjá hizo tres regalos a la gente de la tierra. El primero fue la estrella de la mañana, para que pudieran ver cuándo terminaba la noche. Luego dio al gallo la tarea de llamar cada amanecer para saludar a la luz del día. Finalmente, los pájaros acordaron que cantarían sus más bellos cantos cada mañana para celebrar cada nuevo día. Este periodo de la madrugada, cuando sale el sol, se reconoció como un tiempo especial de renovación y refrescamiento.

Capítulo dos - Espíritus superiores

Muchos de los pueblos indígenas de Brasil comparten historias de espíritus, apariciones de personas que han pasado a otro mundo después de la muerte o que son la esencia que compone el alma misma de los humanos o los animales. Se trata, en cierto modo, de un término comodín que puede incluir dioses, fantasmas y entidades con poderes más allá del ingenio y la comprensión de hombres y mujeres. Los espíritus son buenos, malos o ambas cosas a la vez. A veces, incluso están más allá de esos conceptos arbitrarios. Un buen ejemplo de ello es el culto Yuparí, que se encuentra entre casi todos los pueblos indígenas del noroeste de la Amazonía y se conoce con varios nombres, entre ellos Yurupary y Kowai. Es especialmente frecuente en las comunidades arahuacos del río Negro y del río Uaupés.

La diosa tupí-guaraní de las cosechas y las viviendas, Ceuci, era originalmente una joven encantadora que vivía en una aldea donde crecía un árbol especial. Tupã había dado instrucciones estrictas para que las mujeres que vivían allí tuvieran prohibido comer su fruto durante sus periodos fértiles.

Ceuci descansaba a la sombra del árbol un día caluroso y no pudo resistirse a probar uno de sus suculentos mapati, una fruta dulce y jugosa parecida a una uva (o un caimito o una cucura, según el lugar de la historia). Al morderla, el jugo corrió de la pulpa por su cuerpo y entre sus muslos.

Poco después, se dio cuenta de que estaba embarazada. Los ancianos de su comunidad estaban consternados, ya que no tenía marido ni pareja, y se esforzaban por entender cómo podía haber concebido un hijo. Decidieron desterrarla de la aldea, así que Ceuci se marchó para tener a su bebé por su cuenta.

Algunas versiones de esta historia son más terrenales, extrañas y gráficas. Existe la sugerencia de que Ceuci había quedado embarazada a través de una relación incestuosa con un elemento, posiblemente el sol, la luna o el trueno. Como no tenía vagina, el parto solo se completó cuando fue atravesada por un pez particular.

Llamó a su hijo Yuparí, y fue un niño notable y precoz. A los diez años, los ancianos del pueblo que habían exiliado a su madre escuchaban sus ideas y reconocían la sabiduría de sus enseñanzas. Pero el joven Yuparí, según diferentes historias de origen, no tenía boca y existía a base de humo de tabaco. Podía comunicarse mediante gestos o emitiendo ruidos espantosos y aterradores desde los agujeros de su cuerpo. No siempre era (al menos del todo) humano; a veces, era un mono con cabeza de hombre o una manifestación de algún tipo de planta o árbol.

De cualquier forma, rápidamente impuso su influencia y ayudó a la gente del pueblo a comprender el orden de la naturaleza. También introdujo una serie de rituales y ritos para los hombres. Dejó muy claro que ninguna mujer debía presenciar estas ceremonias sagradas. Ceuci, su madre, no pudo resistirse a espiar esta ceremonia, aun sabiendo que estaba prohibida y castigada con la muerte.

Entró en la aldea, pero en cuanto Yuparí y los hombres se hubieron reunido, Tupã envió un rayo que la mató instantáneamente. Yuparí fue llamado hacia ella, pero sabía que había muerto porque había violado las reglas sagradas. Rezó a Tupã para que la recompensara por su devoción a su hijo y su ejemplar maternidad. De repente, su cuerpo pareció llenarse de luz al elevarse desde el suelo hasta el cielo, donde se convirtió en la estrella más brillante de la constelación de las Pléyades. Permaneció allí, dijo sabiamente Yuparí a su pueblo, para recordarles que debían respetar las leyes que él estaba introduciendo.

Yuparí es un personaje inusual en la mitología brasileña. A pesar de todo lo que promete en la historia de Ceuci, se lo conoce generalmente como el demonio de los sueños y un presagio de mala fortuna. En algunas leyendas, es una presencia malévola y maligna que a veces asfixia a la gente cuando lucha por despertar de las pesadillas.

Los habitantes del Alto Xingu cuentan cómo Yuparí revisó la ceremonia de iniciación masculina, introduciendo finos trajes y nuevos rituales. Los muchachos que estaban listos para unirse al culto fueron enviados a recoger frutas para los procedimientos. Aunque se les advirtió que no comieran ninguna, desobedecieron estas instrucciones y asaron y comieron algunas de ellas. Yuparí estaba furioso. Invocó a los cielos y creó una terrible tormenta eléctrica, durante la cual los muchachos corrieron a refugiarse en una cueva que habían encontrado. Por desgracia para ellos, en realidad era la boca de Yuparí. (En algunas historias, era su ano.) Yuparí no tardó en devorarlos a todos.

Uno de los chicos más jóvenes y pequeños llegó demasiado tarde para entrar en la «cueva». Solo él sobrevivió para contarlo. Enterados del espantoso destino que les había deparado a sus hijos, los padres de los muchachos desobedientes juraron vengarse y planearon matar a Yuparí. Repleto tras la cena de los jóvenes, Yuparí se había ido a descansar a las montañas (o al cielo), pero cuando los aldeanos le ofrecieron un poco del fino licor que habían destilado, no pudo resistirse a unirse a la fiesta.

Cuando llegó esa noche, vomitó los restos de los muchachos que había comido en grandes cestas de fruta que se habían preparado para el festín y luego se unió a los aldeanos, bailando y cantando mientras consumía copiosas cantidades de su exótica y potente bebida.

Pero cuando el sol se asomó por el horizonte, la gente lo arrojó a una hoguera, sabiendo que era la única forma de matarlo. Aunque ya no existía (aparte de sus actividades nocturnas como demonio del sueño), las cenizas de su carne crearon toda una serie de molestias: serpientes, hormigas urticantes y muchas otras criaturas venenosas. Las cenizas de su esqueleto también hicieron surgir la palma paxiúba, el enorme «árbol andante» que parece elevarse de sus raíces expuestas, semejantes a tentáculos.

Se fabricaban pipas con estas raíces, y la inquietante música que producían era desde entonces la voz de Yuparí. Se decía que los otros elementos utilizados en los rituales (como la cera de abeja y el tabaco) eran su lengua, su cerebro y otros órganos.

Algún tiempo después, el sol ordenó a los hombres que realizaran la ceremonia de Yuparí, pero eran demasiado perezosos y no se molestaron en sacar las pipas de palma paxiúba del agua. En cambio, se durmieron. Las mujeres, sin embargo, encontraron los instrumentos y tocaron la música sagrada. El sol no las castigó, sino que invirtió el orden natural en la aldea. Los hombres hicieron todo el trabajo y tuvieron hijos, mientras que las mujeres se dedicaron a los rituales sagrados de Yuparí.

Los hombres encontraron esta situación insostenible. Atacaron a las mujeres con látigos y las maltrataron hasta que gritaron de frustración. Una vez que los hombres recuperaron el control, hicieron menstruar a las mujeres como señal de su sumisión. Fue entonces (al menos en esta versión del mito) cuando el instrumento sagrado se convirtió en tabú para las mujeres. Cualquier mujer que intentara tocar estos instrumentos o incluso intentara fabricar algo similar era condenada a muerte por envenenamiento. Una vez dictado el veredicto, se esperaba que la mujer tomara una calada letal voluntariamente, pero si se negaba, era ejecutada.

Los desana eran uno de los grupos étnicos que practicaban los rituales de iniciación Yuparí que se desarrollaron a partir de este mito. Durante el día, se prohibía a las mujeres y a los niños entrar en la casa larga de la aldea, mientras los hombres recogían frutas de la selva y tocaban sus pipas para expresar su agradecimiento por los abundantes dones de la naturaleza, en particular, la abundancia de pescado. Por la noche, la música cesaba y se invitaba a las mujeres a entrar para beber *yage* (ayahuasca), un preparado alucinógeno tradicional, y bailar. A veces, los hombres azotaban a las mujeres y a los niños para ayudarles a hacerse fuertes y resistentes.

La ceremonia de iniciación para los jóvenes que se acercaban a la edad adulta consistía en darles hojas de coca (la planta de la que se produce la cocaína), rapé y *yage*. Después, eran azotados. Cuando se los consideraba preparados, se reunían elementos que se decía que se habían formado a partir de las cenizas de Yuparí para formar una aproximación a su cuerpo. Dos hombres vestidos con trajes ceremoniales completos (que representaban a Yuparí) les mostraba las pipas sagradas. Tras sufrir otra flagelación, eran llevados al río, donde se vertía agua sobre sus cabezas en una ceremonia que recordaba a un bautismo.

A continuación, los jóvenes debían pasar varias semanas completamente independientes de las mujeres, aprendiendo tareas tradicionales exclusivas de la comunidad masculina, como tejer cestas y consumir solo alimentos y bebidas frías. Este periodo formativo terminaba cuando los jóvenes presentaban a sus parientes femeninas las cestas que habían fabricado. Se celebraba un festival durante el cual estos jóvenes bebían bebidas muy calientes y consumían chiles picantes.

Añangá, que significa «alma antigua», es otro dios o espíritu que forma parte de las mitologías de varios grupos étnicos, pero que es incoherente en cuanto a su función y propósito.

En la cultura tupinambá, Añangá es un cambiante que impide a los muertos pasar al otro mundo. En ocasiones atormenta y tortura a los vivos. Su presencia era de lo más preocupante cuando se preparaba un cuerpo recién fallecido con los ritos sagrados para su viaje a Guajupiá, la «tierra sin males». Se dejaban ofrendas para Añangá junto al fuego que se había encendido para calentar el cuerpo del difunto, así como los alimentos necesarios para su sustento. Estas hogueras seguirían encendidas durante muchos años por los descendientes del difunto para ayudar a mantener esas almas a salvo de la atención de Añangá.

Los mawé (o sateré), nativos del Amazonas, consideran al Añangá un demonio con malas intenciones. Creen que es capaz de maldecir, secuestrar y matar a voluntad. Como Añangá puede adoptar diferentes formas, confían en su pavor al agua. Creen que los espíritus que protegen los ríos ayudan a repelerlo.

Sin embargo, en la mitología tupí, Añangá es un genio de la selva y suele aparecer como un poderoso ciervo blanco con ojos rojos que arden y cuernos afilados. Sin embargo, también puede ser un armadillo, un buey, un pez arapaima o incluso un hombre. Protege vigilante su hábitat y castiga a quienes le causan daño, sobre todo si dañan a las hembras y a sus crías. A veces, es invisible y embiste contra los cazadores, atacándolos físicamente. A veces, los somete a un hechizo que los vuelve locos. Había rituales para mantenerlo a raya, sobre todo cuando los cazadores tupis tenían que ir a la selva para alimentar a su pueblo. Dejaban ofrendas (generalmente tabaco y licor) o quemaban anacardos. También hacían cruces con madera de los árboles del bosque para disuadir a Añangá, una práctica que probablemente estuvo muy influenciada por los colonizadores o misioneros europeos.

El personaje más icónico del folclore brasileño es el espíritu conocido como Saci o Sacípererê. No es un dios ni un demonio, sino un joven negro con una sola pierna. Siempre se lo ve con un gorro rojo y a menudo fuma en pipa. Es una entidad traviesa y descarada a la que le encanta gastar bromas y trucos para divertirse.

Saci es rápido a pesar de su discapacidad. Hace malabarismos con brasas ardientes y puede montar a caballo o, más a menudo, en los torbellinos tropicales conocidos como diablos de polvo. Cuando aparece, los cocineros descubren que les han cambiado el azúcar por sal, que hay moscas en la sopa y que la leche se ha vuelto agria. Otros descubren que sus posesiones más útiles o preciadas han desaparecido y que las agujas han perdido su filo. Se oyen ruidos extraños y alarmantes de animales en plena noche; es como si alguna bestia horrible merodeara por el pueblo.

Otros dicen que su baile giratorio provoca los diablos de polvo. Si se lanza un rosario con cada cuenta bendecida individualmente a un demonio de polvo, tal vez sea posible capturar a Saci. Entonces concederá todo tipo de favores y suerte a su captor con la condición de que se lo trate bien. Si Saci es tratado con crueldad, se convertirá en un enemigo vengativo.

Si arrojar un rosario a un tumulto giratorio de tierra resulta demasiado difícil, también se puede atrapar a Saci en un gran colador. Para retrasar su avance, se puede dejar una cuerda llena de nudos apretados y complicados, ya que esto lo distraerá durante varias horas. No podrá resistirse a desatarlos y no descansará hasta haber deshecho todos y cada uno de los nudos.

Los que quieren hacerse querer por Saci le dejan regalos, normalmente tabaco o *cachaça*, un licor fuerte elaborado con caña de azúcar fermentada, para evitar su atención. A quien sea lo bastante valiente como para robar el gorro rojo de Saci se le concederá un deseo, pero hay que pagar un precio. El gorro tiene un olor espantoso y acre que nunca abandonará a quienes lo hayan tocado.

Lo más probable es que este espíritu tenga su origen en el Ŷaci-Ŷaterê, un espíritu tupí-guaraní, un niño con una sola pierna y un llamativo pelo rojo brillante. Tan bribón como Saci, engaña a la gente con llamadas de animales y silbidos estridentes, pero sus actividades se limitan a la noche.

Los africanos esclavizados que fueron llevados a Brasil por los primeros colonos europeos se aficionaron fácilmente a las historias de Ŷaci-Ŷaterê. Disfrutaban contándoles a sus hijos acerca de este pequeño duende malvado que era lo suficientemente travieso como para cautivar a los jóvenes sin aterrorizarlos; la vida ya era bastante dura.

Por ello, con el tiempo, Saci se convirtió en un niño negro. El pelo rojo se convirtió en un gorro rojo. Como los ancianos de las comunidades africanas solían ser los narradores de historias y a menudo disfrutaban de una pipa de caña de tabaco mientras celebraban la corte, Saci desarrolló su propio hábito de fumar.

Los portugueses de Brasil comparaban a Saci con el trasgu, una pequeña criatura duende del bosque vestida con hojas y musgo. Tiene la cara negra y también es un embaucador. Algunas de las travesuras de Saci podrían haber estado muy influenciadas por él. También hay similitudes con los mitológicos monópodos, criaturas parecidas a los enanos con un pie de gran tamaño en el centro del cuerpo. Estas criaturas fueron descritas en la antigua literatura griega y romana y todavía se pensaba que existían en algunas etimologías medievales.

Además de ser vulnerable a las cuentas del rosario, Saci dejará de portarse mal y huirá si ve un crucifijo, dejando tras de sí el más leve olor a azufre (un elemento asociado desde hace mucho tiempo con el diablo en el folclore cristiano).

En algunas historias, Saci tiene el poder de controlar el tiempo, y puede aparecer y desaparecer a voluntad; su pipa incandescente solo puede ser vista por los más observadores. No puede cruzar el agua a menos que se transforme en un *matitaperê* (o *matita pereira*), el cuco rayado.

El clásico libro infantil *O Saci*, escrito por Montero Lobato en 1921, es uno de los favoritos de los niños brasileños de todo el país. Cuenta la historia de un niño, Pedrinho, que vive en una granja de São Paulo. Se entera de la existencia de Saci por su abuelo. Decide capturarlo para conocer sus secretos, y mientras los dos se enzarzan en una batalla de ingenio, cada uno intentando superar al otro, se hacen íntimos amigos. Aprenden importantes lecciones sobre la confianza, la camaradería, la resistencia y el respeto por el mundo natural.

Una criatura traviesa similar, conocida sobre todo en el estado de Río Grande do Sul, es el Sanguanel. Aunque se dice que es inofensivo, sus actividades son siniestras y preocupantes para los estándares modernos.

Se cree que tiene su origen en los mitos compartidos por los inmigrantes italianos, el Sanguanel es una especie de duendecillo rojo brillante que vive en los bosques y las zonas montañosas. Le gusta gastar bromas y trucos a los adultos, normalmente relacionados con su capacidad para aparecer y desaparecer, pero lo que más le interesa son los niños muy pequeños y los bebés. Los secuestra y se esconde con ellos en árboles altos o arbustos. Mientras unos padres frenéticos buscan a sus hijos desaparecidos, él alimenta a sus pequeños cautivos con miel y agua, que gotea en sus bocas desde vasos especiales que forma con hojas. Cuando los niños son encontrados, están desorientados y somnolientos. Nunca pueden recordar del todo lo que les ocurrió mientras estaban al cuidado del Sanguanel.

Se supone que el Sanguanel tiene una hermana gemela llamada Sanguanela. Ella es su opuesta en todos los sentidos. En lugar de ser pelirroja, tiene la piel blanca y el pelo rubio. Prefiere el vinagre al vino (lo que sugiere, quizás, que el Sanguanel disfruta con su licor) y tiene cierto poder sobre el agua.

Romãozinho es el espíritu malvado de un niño que una vez fue humano. Fue un niño muy malo desde el principio. Disfrutaba destruyendo plantas y flores. En cuanto tuvo edad suficiente, cazó y mató a cualquier ser vivo, incluso a los pájaros cantores que hacen la vida tan agradable a todo el mundo. Odiaba a todo el mundo y nunca dejaba pasar una oportunidad para sembrar rencor, sospechas y malos sentimientos. Incluso aborrecía a sus padres y consiguió convencer a su padre de que su inocente madre estaba enamorada de otro hombre.

Un día, su madre le pidió que le llevara a su padre un pollo que le había cocinado mientras trabajaba en el campo. Romãozinho se comió el pollo entero mientras caminaba. Cuando finalmente llegó hasta su padre, le entregó los huesos del pollo y le dijo que eso era todo lo que quedaba. Su madre y su novio se habían comido el resto.

El padre de Ramãozinho, loco de rabia, regresó a la casa familiar, y golpeó y mató a su pobre esposa. Mientras daba sus últimos suspiros, vio a su malévolo hijo sonriendo para sí mismo, y se dio cuenta de que él estaba detrás del terrible destino que le había ocurrido. Su último acto fue lanzarle una terrible maldición: nunca conocería el cielo ni el infierno mientras quedara un solo humano en la Tierra.

Su hijo, aunque completamente sin remordimientos, se vio reducido a vagar por el mundo. Ya no es humano, pero gasta bromas a la gente, principalmente por aburrimiento y malicia.

Es posible que este mito sea una interpretación brasileña de Ahasvero, un hombre inmortal maldito de la Europa del siglo XIII. También él quedó vagando sin rumbo durante todo el tiempo.

En los estados del nordeste de Brasil, especialmente en la zona del Sertão, se dice que el espíritu de una joven conocida como Comadre Fulozinha («Buena Amiga Flor») protege la selva tropical. Tiene el pelo largo y oscuro. Es tan espeso y lustroso que puede cubrirle todo el cuerpo. Es alta y con forma de sauce, y se dice que lleva un vestido gris diáfano y un collar rojo tan hermoso e intrincado que no podría haber sido hecho por manos humanas.

Algunas comunidades la llaman *Mãe da Mata* («Madre de los bosques») y dicen que crecen flores por donde ella ha caminado. Tiene un silbido característico que se hace más silencioso a medida que se acerca. A cualquiera que la oiga se le aconseja que se marche, ya que a ella no le gusta que los humanos perturben los bosques.

La historia de origen más común dice que la Comadre Fulozinha era una niña caboclo (persona de ascendencia mixta, indígena brasileña y europea), posiblemente hija de un hombre blanco rico e influyente que había engañado a una mujer indígena para que se acostara con él. Cuando su madre murió, esta niña juró vengarla atacando a los humanos, sobre todo a los hombres, que profanaban la belleza y la inocencia, especialmente en la naturaleza.

En otra historia, era una niña que se perdió en el bosque y murió antes de que sus padres pudieran encontrarla.

Se toma muy en serio su papel de guardiana de la naturaleza. Si se encuentra con alguien vandalizando sus dominios, se acercará lentamente, haciendo un ruido silencioso y sibilante antes de lanzarse de repente sobre ellos, azotándolos con su pelo trenzado o aguijoneando enredaderas con una resistencia y fuerza inesperadas. Se la puede disuadir, como a Saci, con regalos. Prefiere las gachas o la miel. Le encanta trenzar, y puede trenzar y tejer colas de caballo o cordeles con una destreza asombrosa.

La Comadre Fulozinha es una entidad divina del culto Jurema en Paraíba. Aunque sus historias no son tan detalladas como las de otras entidades de los mitos brasileños, su tutela de la naturaleza la ha convertido en un personaje popular y muy relevante en la conciencia despierta para preservar el planeta.

Capítulo tres - Mitos fluviales

El poderoso Amazonas es la pieza central del sistema fluvial más extenso del mundo. Otros sistemas fluviales de Brasil, como el Araguaia-Tocantins en el norte, el São Francisco en el noreste y el este, y el Paraguay-Paraná-Plata en el sur, también son significativos. El papel de estos ríos en los mitos brasileños es ineludible.

La deidad responsable de los ríos en el panteón brasileño es Iara, la diosa del agua. También se la conoce como Yara y Uiara, y es originaria de la antigua mitología tupí.

Es un espíritu de tipo sirena y se la suele representar como mitad mujer, mitad pez, con el pelo largo, a veces azul o verde mar. Su cabello suele estar decorado con flores rojas.

En algunas historias, nació humana. De niña, era una guerrera hábil e intrépida. Tenía dos hermanos que estaban celosos de sus dotes naturales para el combate y sabían que ella era mucho más capaz que ellos. Cuando ella sobresalía en estas cosas, los hacían parecer débiles e ineficaces. Llegaron a odiarla y, con el tiempo, resolvieron matarla. Sabiendo que podía defenderse fácilmente, la atacaban cuando estaba sola y dormida.

A pesar de ser emboscada de esta manera, Iara se defendió hasta que sus dos hermanos quedaron muertos en el suelo. Tal vez estaba soñando que participaba en un combate épico.

El padre de Iara se llenó de rabia cuando vio que sus hijos habían muerto. Sin detenerse a escuchar lo que había sucedido y loco de dolor, mandó atar a Iara y arrojarla a la confluencia de los ríos Negro y Solimões. Dando la espalda a su hija, dejó que se ahogara.

La diosa de la luna tupí, Jaci, había visto lo ocurrido. Ella sabía que Iara estaba libre de culpa. Elevó el espíritu de la niña y la convirtió en la diosa del río.

Aquí, su historia se confunde con las tradiciones europeas de sirenas y tritones. Ya no era venerada por sus habilidades como guerrera. Su belleza y su maravilloso canto tienden a definirla. Se dice que los hombres se vuelven locos por la dulzura de su voz.

En las crónicas publicadas por los colonos portugueses en el siglo XVI, se menciona un horrible monstruo de río llamado Ipupiara. Su forma femenina es un posible parecido con Iara, ya que se la describe como muy hermosa y con algunos elementos de una mujer humana, incluido el pelo largo y suelto.

El macho Ipupiara es un asunto totalmente diferente. Pero Magalhães Gândavo escribió en su relato de 1564 sobre una joven indígena que había sido esclavizada por los colonos. Se llamaba Irecê. Había quedado con su amante en una playa de São Vicente, solo para descubrir que había sido brutalmente mutilado por un monstruo Ipupiara. Cuando huyó horrorizada y denunció lo ocurrido, un capitán portugués la encontró y la mató con su espada.

Esta horrible criatura fue descrita como de «quince manos» (3,3 metros) y «sembrada de pelo por todo el cuerpo... (y) en el hocico tenía sedas muy grandes como bigotes».

El sacerdote jesuita Fernão Cardim informó de detalles aún más alarmantes. Declaró que la Ipupiara era «repulsiva» y dijo que mataba a los humanos, abrazándolos fuertemente y besándolos hasta que ya no podían respirar, asfixiándolos hasta la muerte. Se comía a sus víctimas, devorando sus ojos, narices, puntas de los dedos, tanto de las manos como de los pies y genitales. Era, dijo Fernão Cardim, «un ser bestial, hambriento, repugnante, de una ferocidad primitiva y brutal». Los historiadores suelen suponer que estos primeros colonizadores se explayaban sobre alguna forma particularmente agresiva de león marino o manatí.

Iara aparece a menudo en la historia de Ruiva («Barba Roja») como un espíritu benévolo del bien. Hace mucho tiempo, en el estado de Piauí, en la región nordeste de Brasil, había una joven que se quedó embarazada tras la muerte de su amante. No se atrevió a decírselo a su familia. Cuando llegó el momento de que naciera su bebé, se escabulló al bosque y dio a luz a un hijo.

Temerosa de lo que dirían su madre y sus hermanas, lo metió en una olla de cobre y lo dejó a la deriva en el río. Cuando se marchó, un espíritu del agua, del que a menudo se dice que era Iara, resolvió salvar a este bebé, que llegó a ser conocido como Ruiva. En el proceso de rescate del bebé, esa zona del río quedó encantada, y así es como surgió la laguna de Parnaguá.

Desde entonces, Ruiva aparecía de vez en cuando en la orilla del río. Por la mañana, parecía un bebé, y los transeúntes eran alertados de su presencia por sus llantos. Sin embargo, al mediodía, se convertía en un amoroso hombre adulto con barba pelirroja, desesperado por robarle un beso a cualquier jovencita con la que se cruzara. Al atardecer, sería un anciano marchito.

Otro espíritu del agua, Caboclo d'Água («caboclo de las aguas»), es una criatura parecida a un hombre que acosa a pescadores y marineros en el río São Francisco. Obliga a las embarcaciones a zozobrar, suelta los peces de las redes e incluso ahoga a los desafortunados que nadan en el río.

A menudo se describe a Caboclo d'Água como una especie de tritón con una cola de pez escamosa de color cobrizo. Sus manos están palmeadas como las de una rana y, a veces, tiene un solo ojo en el centro de la frente.

Los marineros y los pescadores creían que podían evitar su atención pintando una estrella blanca en el fondo de sus barcos o decorando la proa con un mascarón de proa tallado. Una carranca podía ser un humano o un animal, pero normalmente tenía la boca muy abierta y colmillos. Se pensaba que la carranca ahuyentaría a los espíritus malignos del agua.

Algunas personas prefieren intentar ganarse el favor del Caboclo d'Água, ofreciéndole tabaco o alcohol. Si acepta el regalo, puede que trate con respeto a quien se lo ofrece e incluso les guíe hacia aguas con abundancia de peces.

Una de las criaturas más encantadoras que solo se encuentra en el río Amazonas es el delfín rosado, conocido como *boto* o *bufeo*. Se encuentran en las cuencas del Amazonas y el Orinoco en toda Sudamérica. Es la especie más grande de delfín de río; algunos machos alcanzan los nueve pies de longitud. Nacen grises y, a medida que maduran, adquieren gloriosas tonalidades de rosa, desde un pálido rosa rubor hasta un vibrante tono chicle. Algunos permanecen grises con el más leve indicio del famoso rosa, y otros desarrollan manchas de rosa que cubren su cuerpo. Aún no se sabe con certeza por qué y cómo se desarrollan de este modo. Es posible que su dieta, rica en marisco, tenga algo que ver. O quizá se trate de una reacción a la luz solar o a la exposición al sol. Parece que sus capilares sanguíneos están más cerca de la superficie de la piel que en otros delfines, y esto puede hacer que parezcan más rosados cuando se excitan o se sienten amenazados.

A pesar de sus evidentes similitudes con los delfines marinos, el boto tiene una psique muy diferente. Es igual de ágil, pero no sigue a las embarcaciones ni salta fuera del agua. Por lo general, consigue refrenar su curiosidad natural en presencia de la humanidad. Vive en tranquilos y pequeños grupos familiares o con su pareja, y tiende a preferir las aguas más tranquilas de las lagunas amazónicas o las zonas inundadas de la selva tropical a los tramos de río abierto y caudaloso.

La gente que vive junto al Amazonas ha tenido una larga y complicada relación con el boto. Su extrañeza y su cualidad etérea han dado lugar a historias y supersticiones según las cuales están protegidos por algunos poderes místicos, y en general se acepta que da mala suerte matar a un boto y aún peor comer su carne. A menudo se aconsejaba a los naturalistas deseosos de ver al raro manatí amazónico que se hicieran amigos de un boto, ya que se los consideraba guardianes de la escurridiza criatura.

Los pescadores del Amazonas en zonas frecuentadas por botos los ven con cierto recelo. Aunque algunos creen que son amigos que les conducirán a aguas llenas de peces, los botos también son conocidos por atraer a los humanos a aguas peligrosas, donde rápidamente se encuentran perdidos. Se dice que algunos incluso hunden deliberadamente barcos pesqueros para que los pescadores se ahoguen.

Algunas culturas creen que el delfín rosa era originalmente un guerrero que tuvo tanto éxito que los espíritus del mundo lo sometieron a un encantamiento antes de que amenazara la naturaleza misma del mundo. La historia más conocida y perdurable es la de Boto Cor-de-Rosa, un delfín rosa que cambia de forma y que aparece durante las fiestas y celebraciones de verano como un extraño elegantemente vestido.

Una versión de este mito cuenta la historia de una joven llamada Rosita. Era una chica encantadora y alegre, muy querida por toda su familia. Le encantaba ayudar a su madre en las tareas domésticas y a menudo iba a recoger agua al río cercano.

Un día cálido, el río chispeaba tentadoramente y no pudo resistirse a darse un baño. Mientras se deslizaba por el agua fresca, se fijó en un joven sentado en la orilla del río, cerca de donde había dejado su ropa. Cuando terminó de nadar, habló con él. Le dijo que era pescador, y Rosita no pudo evitar fijarse en lo atractivo que era. Quedó con él al día siguiente y, después de verse varias veces, se enamoró y pasó la noche con él.

Los padres de Rosita empezaron a preocuparse por ella. Pasaba tanto tiempo en el río. Cuando se enfrentaron a ella, les contó todo sobre su misterioso pescador y les dijo que quería casarse con él.

Confiando en el juicio de su querida hija, el padre de Rosita invitó al pescador a la casa familiar y lo recibió con los brazos abiertos mientras preparaban la boda. El joven era un invitado encantador, y la familia pronto llegó a quererlo. Sin embargo, no podían dejar de preguntarse por qué se marchaba cada mañana sin falta y no se lo volvía a ver hasta que regresaba por la tarde.

Una noche, la familia tuvo una celebración con una gran comida y mucha bebida. Todos durmieron bien. Cuando la familia empezaba a levantarse, los alarmó un grito estridente que salía de la habitación de Rosita. Su padre cogió su pistola y corrió a ver qué podía haber pasado.

Allí, junto a Rosita en su cama, yacía un enorme delfín rosa. Intentó zafarse y dirigirse hacia la puerta, pero su padre levantó la pistola y lo mató de un disparo.

El joven pescador nunca regresó, y Rosita pronto descubrió que estaba esperando un bebé. Meses después, murió en el parto. ¿Su bebé? Era una cría de delfín rosado.

Hay muchas historias de hombres boto como amantes seductores y descuidados que dejan a las jóvenes embarazadas y abandonadas. En estos relatos, el boto va universalmente vestido con un elegante traje blanco y, lo más importante, un sombrero. Este cubre sus espiráculos, que delatarían su verdadera identidad. A veces, el sombrero es una mantarraya metamorfoseada (o modificada). Muchos de los accesorios del hombre boto proceden de criaturas fluviales. Por ejemplo, puede empuñar una espada de anguila eléctrica o llevar zapatos de bagre. En su forma de criatura, un boto encantado con la capacidad de cambiar de forma puede a veces ser detectado por las puntas de sus aletas, que se parecen un poco a las manos humanas.

En desacuerdo con el comportamiento solitario y tranquilo del boto, una vez que estas entidades se han transformado, son el alma de la fiesta. En un pueblo amazónico, dos hombres con sombrero disfrutaron de una noche de copas y risas estridentes. Al amanecer, se los vio salir del pueblo, cogidos del brazo, cantando a pleno pulmón y llevando botellas. Al día siguiente, unos pescadores capturaron dos botos. Mientras los destripaban, los hombres se sintieron invadidos por el hedor a licor que emanaba de los estómagos de los delfines.

En otro relato, un hombre elegantemente vestido, con sombrero, acosaba a las jóvenes con tal insistencia que los hombres del pueblo se sintieron obligados a despedirlo. Cuando sus gritos se hicieron más fuertes, una multitud se unió a la persecución. Mientras corría hacia el río, le dispararon tres arponazos. Poco después apareció en la orilla un boto muerto con tres dardos de arpón incrustados en la piel.

Algunos hombres boto no son exactamente los Lotarios de «ámalas y déjalas». Prefieren atraer a las jóvenes a un reino submarino conocido como Encante. Una vez que la joven ha entrado por sus puertas, nunca podrá salir.

Estos mitos se utilizaban a menudo para explicar los embarazos de mujeres solteras o derivados del incesto, la prostitución y la violación. El traje blanco y los accesorios asociados al boto cambiante tienen algunas similitudes con los europeos blancos. Dado que los colonos sometieron violentamente a los indígenas, a veces matando, violando y traumatizando a las mujeres, es posible que el boto se haya llevado la peor parte, de forma alegórica, de algunas de las experiencias más horribles que sufrieron ciertos grupos de pueblos amazónicos.

Capítulo cuatro - Cuentos de jaguares

El jaguar, el tercer felino más grande del mundo, es originario de Sudamérica, con la mitad de su población en Brasil. Estas magníficas criaturas son cazadores formidables. Cazan casi cualquier animal que se les cruce. Sus fuertes mandíbulas y afilados dientes pueden penetrar incluso la dura piel de los cocodrilos o el caparazón de las tortugas.

Los jaguares adultos son criaturas solitarias que requieren grandes territorios. Son nadadores seguros y la personificación del poder y la gracia. Por ello, desde hace mucho tiempo son vistos con asombro y respeto por la gente que vive en las regiones selváticas, y han asumido un papel integral en la mitología brasileña.

Onça-Boi es el jaguar devorador de hombres que forma parte de las tradiciones orales del Amazonas, especialmente de Acre. Está estrechamente relacionado con el mundo de los espíritus, pero en su forma terrenal se distingue fácilmente de los jaguares normales por sus patas, que tienen pezuñas. También se dice que tiene cuernos en algunas culturas.

Al carecer de garras, no puede trepar a los árboles y suele salir de caza con su pareja. Después, uno de ellos descansa mientras el otro come, lo que supone un comportamiento notablemente diferente al de los jaguares normales, que llevan vidas solitarias fuera de sus épocas de cría. En los relatos, las personas lo bastante desafortunadas como para encontrarse con el Onça-Boi cometen a menudo el error de subirse a un árbol, creyendo que allí estarán a salvo. No se dan cuenta de que esperará pacientemente hasta que su presa esté agotada. Cuando inevitablemente se duermen y caen de las ramas del árbol, la criatura jaguar está esperando abajo.

El Onça da Mão Torta («Jaguar de mano torcida») es una bestia mítica que acecha la sabana de Goiás. Tiene marcas diferentes a las de los grandes felinos nativos de Sudamérica y está rayado como un tigre. Una de sus patas delanteras está torcida y doblada, pero esto no parece impedirle cazar y hacer otras actividades.

Se dice que es resistente a los disparos y que es el espíritu de un vaquero nómada, muy parecido al mito de la región brasileña de Minas Gerais de un vaquero destartalado y misterioso que parece poseer poderes misteriosos. No es ni joven ni viejo, tiene una complexión delgada, su porte es relajado y rara vez habla. Su viejo caballo es delgado y de aspecto tan decrépito como él. Aparece inesperadamente cuando hay competiciones en granjas y ranchos, como el derribo de bueyes, las carreras de anillas y otras carreras. Los otros vaqueros siempre se remiten a sus habilidades y conocimientos, y siempre se alegran de ver a la pequeña figura con su gran sombrero de cuero flexible que oculta su sobredimensionada frente y su larga barba.

Un día, un acaudalado granjero de Urucuia tenía dificultades para reunir a sus caballos, que se encontraban dispersos por una enorme zona. Tuvo la idea de organizar una competición en la que podría participar cualquiera que se creyera capaz de encontrar sus caballos y conducirlos de vuelta. Organizaría, como era tradicional, una gran fiesta para todos los que tuvieran intención de competir.

Llegaron vaqueros y rancheros de todas partes. Se reunieron en la granja y se saludaron cordialmente, todos ansiosos por demostrar su valía unos contra otros. Pero antes de que pudieran ensillar, un misterioso vaquero llevaba a casa los caballos del granjero. Se negó a llevarse ningún premio o recompensa y se escabulló sin que nadie se diera cuenta mientras la fiesta estaba en marcha.

Los vaqueros y los pastores no se sorprendieron en absoluto, pero no podían entender cómo se las arreglaba para hacerlo. Siempre que lo veían, iba deambulando sobre un caballo viejo y cansado.

Algún tiempo después, los granjeros empezaron a descubrir que su ganado sufría ataques violentos. Algo los estaba dejando muertos o corneados y desgarrados con heridas horribles. Los vaqueros se reunieron para encontrar la causa e intentar evitar que más ganado valioso se viera afectado. Mientras discutían a qué clase de bestia se estaban enfrentando, se dieron cuenta de que el misterioso vaquero no estaba allí. Especularon con que tal vez había muerto o estaba malherido. Tal vez simplemente no podía molestarse en ayudar. Mientras hablaban, el respeto que sentían por él dio paso a la mala voluntad y los celos.

Al día siguiente, se pusieron en marcha cuando la familiar figura pequeña y destartalada apareció por el horizonte con una manada de toros salvajes, las mismas bestias que habían aterrorizado al ganado. El granjero estaba encantado, pero los hombres reunidos estaban inquietos y no entendían cómo podía haber logrado semejante hazaña por sí solo. Empezaron a sospechar que utilizaba la brujería.

Uno de los vaqueros más jóvenes resolvió averiguar los secretos del extraño hombre y se hizo amigo suyo. Los dos hombres cabalgaron a través de la tierra, hablando raramente, incluso en las hogueras donde cocinaban comidas sencillas antes de dormir bajo las estrellas.

Al cabo de algunos meses, había poca comida disponible y el misterioso compañero del vaquero empezó a debilitarse por falta de alimento. Una mañana, cuando se esforzaba por montar en su caballo, el otro hombre le entregó unas hojas y le dijo que esperara. Le explicó que iba a transformarse en jaguar para cazar algo que pudieran comer y que, en cuanto regresara, el joven debería meter las hojas en su boca. Entonces, volvería a su estado humano.

El joven lo vio marchar y se preguntó si había oído correctamente en su debilitado estado. Para su sorpresa, bajo el brillante sol de la mañana, la delgada figura del vaquero pareció volverse moteada y saltó con toda la fuerza y la gracia de un gran felino.

No pasó mucho tiempo antes de que un gran jaguar regresara, gruñendo, con los cuartos traseros de alguna bestia en sus fauces. Dejó caer la carne y se volvió hacia el joven vaquero, pero este estaba aterrorizado. A pesar de su estado debilitado, consiguió montar en su caballo y alejarse. Aún tenía las hojas en las manos cuando por fin llegó a descansar.

En cuanto al misterioso vaquero, siguió siendo un jaguar, vagando por el estado en busca del joven que conocía su secreto y podía ayudarlo a volver a ser humano.

En otras historias, el misterioso vaquero es un cambiante capaz de adoptar la forma de un jaguar, y algunos de los problemas en los que estaba tan ansioso por ayudar fueron en realidad causados por él mientras se encontraba en su estado de jaguar. A medida que pasaba más y más tiempo como gran felino, se volvía más felino que humano. Cuando los ganaderos se dieron cuenta de que era él quien atacaba al ganado de sus granjas, los cazadores de la región decidieron acabar con él. Finalmente, consiguieron acorralarlo y lo mataron a tiros.

En una versión algo más sentimental de esta historia, su joven compañero vaquero se encontraba entre los cazadores que lo acorralaron. Cuando el jaguar atrapado vio a su traidor amigo entre sus captores, emitió un último gemido de tristeza —un sonido inconfundiblemente humano de miseria y traición— antes de que se disparara la bala. Se dice que los que estuvieron allí nunca pudieron olvidarlo.

Otro mito del jaguar del estado de Minas Gerais, especialmente frecuente entre los xakriabá, es el de Kianumaka-Maña. Presenta varias similitudes con el mito del vaquero misterioso, pero Kianumaka-Maña no es un humilde vaquero; es una diosa.

Kianumaka-Maña es una guerrera. Es capaz de aprovechar la fuerza y la astucia del jaguar. Los indígenas que la veneraban realizaban rituales antes de entrar en combate con la esperanza de imbuirla de ferocidad y destreza en la lucha. También representa la libertad y la autosuficiencia, y a veces se la representa como una hermosa mujer pintada con las marcas del jaguar.

Además de las comparaciones obvias con el misterioso vaquero, Kianumaka-Maña es una diosa en la tradición de la griega Artemisa y la romana Diana (diosas de la caza), la antigua diosa egipcia del león Sekhmet, y la diosa nórdica giganta Skadi que gobierna el invierno y la caza.

En una historia, una madre y su hija estaban fuera cuando la madre se quejó de que últimamente tenían poca carne para comer. La hija le dijo que mataría una vaca para ellas, pero cuando volvió, le dijo a su madre que le metiera una rama en la boca.

La hija se marchó. Poco después, la madre oyó el sonido de una vaquilla siendo atacada por un jaguar. De repente, el jaguar saltó hacia la madre con las fauces abiertas, listo para que le arrojara la rama entre los dientes. Sin embargo, la madre huyó aterrorizada.

La niña nunca volvió a ser humana. Durante el día, se escondía y, por la noche, atacaba al ganado de los granjeros hasta que estos le rogaban que se detuviera, entregándole sus hierros de marcar como señal de buena fe.

En una historia relacionada, una niña llamada Yndaiá se sentía amargada y enfadada por la colonización e invasión de su tierra natal. En un intento de vengarse de los crueles europeos que se habían asentado en la región, pidió a un chamán que invocara al espíritu del jaguar y la hechizara con él.

Una vez que era capaz de transformarse en forma de jaguar, atacaba al ganado de estos granjeros y arrastraba la carne de vuelta a su aldea, donde podía ser compartida. Cada vez que regresaba, la madre de Yndaiá (una mujer mucho más valiente en esta historia) la esperaba con una rama para arrojarla a la boca del jaguar y que pudiera volver a transformarse en niña.

Sin embargo, un día, la madre fue incapaz de encontrar el tipo concreto de rama necesario para romper el encantamiento, por lo que Yndaiá no pudo volver a transformarse en su forma humana. Lo peor estaba por llegar. Los granjeros reunieron una partida para cazar al gran felino que había estado atacando sus medios de subsistencia.

Jaguar-Yndaiá, ahora la cazada, consiguió llegar hasta una cueva y permaneció allí, preguntándose si su fin estaba cerca. Sin embargo, su pueblo no se había olvidado de ella ni de su generosidad y le trajo carne. Se dirigieron en silencio a la cueva y realizaron rituales y danzas durante toda la noche hasta que volvió a ser una niña.

El árbol de los sueños es otro mito con el jaguar en su corazón. Un niño, Uaica, vivía con su anciano abuelo en una pequeña aldea. No era un niño fuerte. Los otros niños eran a menudo crueles y se burlaban de él cuando no podía participar en sus juegos.

Un día, estos comentarios burlones fueron demasiado para Uaica. No quiso volver con su abuelo, sabiendo que el viejo se preocuparía, ya que lo quería mucho. En lugar de eso, se adentró en el bosque. Sentía un gran amor por la naturaleza, y las exuberantes plantas verdes y el aire fresco, perfumado con flores exóticas, le hacían sentirse más tranquilo y feliz.

Uaica estaba a punto de dar media vuelta cuando tropezó. Tras ponerse en pie, vio el espectáculo más extraordinario. Bajo un gran árbol había un tapir tumbado junto a un perezoso, profundamente dormido. Al acercarse, tan silenciosamente como se atrevió, vio que también había una anaconda, un mono, un caimán y una madre jaguar con sus cachorros, todos durmiendo profundamente acurrucados uno junto al otro.

Uaica se sintió cansado de repente. Era incapaz de mantener los ojos abiertos y se unió a los animales bajo el árbol. Mientras dormía, soñó que oía la voz de Sinaa.

Uaica había oído historias de Sinaa desde que tenía uso de razón. Era el hombre jaguar mágico, con ojos en la nuca, y parecía un anciano hasta que se bañaba. Entonces, su vieja piel se caía y se convertía en un hombre joven y apuesto. Sinaa conocía todos los secretos del mundo, como dónde se podía encontrar el gran palo bifurcado que sostenía el cielo, cómo salvar al mundo de los peligros a los que se enfrentaba y cómo curar a los animales y humanos enfermos.

Sinaa susurraba historias al niño dormido. Finalmente, Uaica despertó. Estaba oscuro y todos los animales que dormían se habían ido.

Al día siguiente, Uaica estaba impaciente por volver al árbol y escuchar la voz susurrante de Sinaa. De nuevo, encontró varios animales dormidos y se acurrucó con ellos. El hombre jaguar siguió contándole sus secretos. Día tras día, dormía bajo el árbol sin comer ni corretear como los demás niños. Pronto, su abuelo pudo ver que se estaba consumiendo.

Sinaa también empezó a darse cuenta de que el niño estaba enfermo. Mientras Uaica dormía bajo el árbol, Sinaa le susurró que había compartido sus secretos, y que debía marcharse y no volver nunca más.

Cuando Uaica despertó, se sintió triste. Sabía que echaría de menos al hombre jaguar, al que había llegado a querer tanto como a su abuelo, pero le había prometido que no volvería y pretendía mantener su palabra.

Cuando llegó a casa, encontró a su abuelo llorando. El anciano le dijo que le partía el corazón ver a Uaica tan pálido y frágil, y le rogó que comiera. Uaica se sentó y compartió la comida con él y luego le contó que tenía un secreto. Después de que hubieran comido, llevó a su abuelo al árbol de los sueños en el bosque.

Al igual que antes, había animales profundamente dormidos alrededor de su tronco. En cuanto Uaica empezó a sentirse somnoliento, le dijo a su abuelo que no podía ir más lejos. El anciano sintió curiosidad y se acercó. No tardó demasiado en quedarse profundamente dormido entre dos pecaríes que dormitaban. Uaica observaba desde la distancia.

Cuando el abuelo de Uaica despertó, le dijo que nunca hablara a nadie del árbol; sus secretos eran demasiado poderosos y peligrosos para cualquiera que no tuviera un corazón puro.

Cuando se acercaban a su aldea, el padre de Casimiro, uno de los chicos que se había burlado sin piedad de Uaica, estaba llorando. Su hijo había enfermado y la familia se preparaba para su muerte. Uaica pidió ver a Casimiro. Puso sus manos sobre el niño enfermo y, gracias a la magia curativa que Sinaa le había susurrado, se curó.

A partir de entonces, él y Casimiro se convirtieron en firmes amigos. Se acabaron las burlas y las crueldades. Uaica también ayudó a curar a otras personas que cayeron enfermas en su aldea. Era sabio más allá de su edad, y todo el mundo llegó a querer y respetar a este extraño joven.

Una noche, mientras Uaica dormía, el hombre jaguar volvió a visitarlo. Le dijo que construyera una casa especial con su abuelo para que Sinaa pudiera compartir más secretos con él mientras dormía. Una vez construida la casa de los sueños, Sinaa le contó a Uaica más secretos sobre la selva y sobre cómo hacer cosas bellas con los objetos que podía encontrar allí. Guiado por su mentor, recogió plumas, flores, piedras, nueces y conchas y creó intrincadas y hermosas joyas y accesorios que todo el mundo deseaba.

Aunque a Uaica le complacía enseñar sus habilidades creativas a los demás aldeanos, había una mujer que sentía especial envidia y resentimiento por su talento. Decidió robarle las piezas más bonitas que había hecho. Sin embargo, no tenía ni idea de que Sinaa le había enseñado a verlo todo. Uaica la acorraló. Les dijo a ella y a sus amigas que, debido a su codicia, ya no merecían sus poderes curativos.

Después, desapareció y nunca se lo volvió a ver. Nadie sabía qué había sido de él. Quizá fue transportado a una cueva donde pudo pasar el resto de sus días soñando, o quizá se convirtió en un espíritu para poder unirse al hombre jaguar en ese extraño mundo espiritual fuera del alcance de los humanos.

Capítulo cinco - Bestias monstruosas

El folclore brasileño tiene más que su parte de monstruos, la mayoría de los cuales son sanguinarios comedores de hombres, cada uno con sus propias características individuales.

El hombre lobo brasileño, el lobisomem, es originario de la región de la cuenca amazónica y se cree que es el producto de una relación incestuosa o la descendencia de una mujer y un sacerdote ordenado.

A diferencia del hombre lobo europeo, que tiene que esperar a la luna llena, el lobisomem cambia de hombre a bestia si llega a una encrucijada un viernes por la noche. Durante la Cuaresma, puede transformarse a diario. Una vez que el lobisomem se ha despojado de su forma humana, arrasa el campo en busca de niños que no hayan sido bautizados. Devora a estos niños con todo el salvajismo de una bestia salvaje.

Los primeros relatos sobre el lobisomem sugieren que su figura bestial no siempre era lobuna. Más bien era un perro, un cerdo salvaje o un cruce entre ambos. Tiene un pelaje espeso, ojos rojos brillantes y un olor acre y rancio. Al igual que el hombre lobo, camina sobre sus patas traseras, pero puede correr con más rapidez que la mayoría de los animales. En su forma humana, es un individuo débil, a veces con orejas puntiagudas que delatan su horrible otra vida.

Se puede matar al lobisomem con una espina de una planta de naranjo particular que haya crecido en suelo consagrado o con una bala que se haya llenado con cera de una vela que se haya utilizado durante tres santas misas. Si es herido, cualquiera que toque su sangre estará condenado.

El Lobisomem do Acre mató a unos terneros y a un niño en Seringal Sardinha en julio de 1990. Los caucheros que trabajaban allí corrieron al rescate tras oír que algo devastaba el ganado. Dijeron que se encontraron cara a cara con un lobisomem.

El Gorjala, un monstruoso y horrible ogro con un solo ojo, vive en las colinas rocosas y acantilados de Ceará y Amazonas. Lleva una armadura hecha con caparazones de tortuga. Es enorme y da largas zancadas que provocan temblores. Caza humanos, a los que mete bajo un brazo para poder comérselos lentamente mientras avanza a trompicones.

El Labatut, otro demonio devorador de hombres de gran tamaño, es más conocido en la región de Chapada do Apodi. También suele tener un ojo como un cíclope, pero además tiene espinas o pelos gruesos y rechonchos que sobresalen de su cuerpo como un puercoespín. Tiene colmillos como un cerdo salvaje y recorre las pequeñas comunidades por la noche en busca de gente a la que engullir, preferentemente niños, por su carne tierna.

El Labatut es un mito relativamente reciente basado en el general Pedro (o Pierre) Labatut, que luchó en la guerra de Independencia brasileña en el siglo XIX. Era un personaje temible. Era odiado por sus enemigos y por sus propios hombres por su excesiva e innecesaria brutalidad. Con el tiempo, su ejército se sublevó contra él. Su abyecta crueldad ha hecho que su reputación perdure en el folclore brasileño.

En el noreste de Brasil, en la región de Alagoas, el Pai do Mato es un gigante espantoso que aterroriza a la gente por la noche con su risa maníaca y chillona que puede oírse a kilómetros de distancia. Al igual que los demás ogros, es enorme, feo y peludo. Se supone que es mucho más alto que los árboles de los bosques donde habita, y sus pisadas emiten un sonido atronador. Se lo puede distinguir (hasta cierto punto) por sus garras o uñas, que son largas y afiladas. Aunque siente gusto por la carne humana, tiende a mantenerse alejado de la gente, pero si supone una amenaza, se anima a los pistoleros a que apunten a su ombligo, considerado su punto más débil.

El mapinguari, otra criatura monstruosa, se suponía que habitaba en la selva amazónica. Su nombre deriva de las palabras tupí-guaraní *mbappé*, *pi*, y *guari*, que significa «un ser que tiene una pata torcida».

Según la historia, un antiguo chamán descubrió los secretos de la inmortalidad, lo que enfureció al universo, ya que amenazaba con desequilibrar el tiempo y la existencia. Por ello, fue transformado en el horrible mapinguari como castigo y obligado a permanecer en esta forma durante toda la eternidad.

Las descripciones varían, pero se dice que estas criaturas están cubiertas de un pelaje espeso, oscuro y desgreñado, convenientemente a prueba de balas. Los indígenas del río Tapajós cuentan que puede medir unos tres metros. Su piel es escamosa y, al igual que un caimán, tiene grandes garras afiladas y a veces un solo ojo.

Aunque comparable a un cíclope, se ha sugerido que esta entidad se originó a partir de algún simio o perezoso gigante de tierra no identificado.

El mapinguari se centra en la protección de su frágil entorno y se supone que acecha a los cazadores que se aventuran en la selva tropical. Cuando los captura, les arranca la cabeza del cuerpo antes de devorarlos.

El centauro brasileño, conocido como Besta-Fera («Bestia feroz»), es otra criatura mítica que llegó con los colonos portugueses. Es ampliamente aceptado como una representación del diablo o de uno de sus ayudantes. En luna llena, puede salir del infierno y entrar en el mundo de los mortales desde las tumbas de los pecadores en los cementerios. Una vez que se ha liberado, se pone manos a la obra, merodeando por las calles. Cuando se cruza con alguien, lo estampa con su marca y, a partir de ese momento, está destinado a arder en el infierno.

Algunas versiones tienen a Besta-Fera vagando por los bosques en busca de alguna planta perniciosa con una flor de color rojo sangre que está imbuida de poderes malignos. Cualquiera que se cruce en su camino se volverá loco.

Se dice que tiene cuerpo de caballo y torso, brazos y cabeza humanos. Le acompaña una jauría de perros salvajes y gruñones, a los que azota de vez en cuando. Con esta misma correa, suele propinar latigazos a otras personas o animales con los que se cruza.

En las regiones del nordeste de Brasil, Besta-Fera se utiliza a veces como insulto para describir a alguien que ha sido poco amable o agresivo.

Boi-Vaquim, criatura mitológica de Río Grande do Sul y de los estados del sur de Brasil, es una de las criaturas descritas por el célebre poeta e historiador Contreira Rodrigues (1884-1960). Es un toro magnífico y místico con cuernos de oro, ojos de diamante y grandes alas. Cuando galopa, sus cuernos crean chispas de fuego.

Como era de esperar, es increíblemente difícil —quizá imposible— vencer a Boi-Vaquim. Los vaqueros se han vuelto locos por su obsesión de igualar sus habilidades contra él. Algunos temen la posibilidad de un encuentro con Boi-Vaquim.

En São Paulo, una bestia diferente merodea por las calles de noche: Porca dos Sete Leitões («la cerda de los siete lechones»). Esta cerda es inmensa. Bufa y gruñe con fruición mientras conduce con determinación a su prole que trota a su paso. Se dice que una vez fue una baronesa que tuvo siete hijos. Era una mujer orgullosa y cruel. Cuando ofendió a un espíritu, se transformó en su actual estado porcino. Solo podrá volver a ser humana cuando encuentre un anillo mágico.

En otra versión, abortó siete embarazos, y por hacerlo, fue convertida en un monstruo, con sus bebés nonatos convertidos en lechones. En otra versión, los bebés perdidos se debían a su violento y cruel marido, y como Porca dos Sete Leitões, está destinada a acosar a los maridos descarriados, persuadiéndolos para que regresen a sus familias como hombres mejores.

En la ciudad de Palmeira dos Índios en Algoas, en algún momento hacia finales del siglo XIX, vivía una joven rica que era hija de un poderoso oficial de alto rango en el ejército. Era una persona desagradable. Estaba obsesionada consigo misma y era ajena a las penurias y sufrimientos de los demás.

Esta joven tenía un perro de mascota al que adoraba. Lo mimaba con infinitas golosinas y dormía en la cama más mullida hasta que murió el mismo día que el líder espiritual del nordeste de Brasil, un sacerdote llamado padre Cicerón. La joven exigió que su querida mascota tuviera una misa funeral completa y un velatorio con vela y centinela para custodiar su alma. Este funeral costó mucho más de lo que la mayoría de la ciudad podía permitirse para su propia familia.

La joven estaba en el mercado comprando perfumes y ropa frívola un rato después cuando se cruzó con una anciana que estaba inclinada por la pena. Estaba comprando ropa negra. La muchacha, que sabía muy bien el efecto de la pérdida del sacerdote en la comunidad, preguntó a la anciana por qué estaba de luto. Cuando oyó que era por el padre Cicerón, la joven se rio y dijo que haría mejor en llorar por su perrito. Sin embargo, cuando las palabras salieron de su boca, se abalanzó sobre la pobre anciana. Esta cayó a cuatro patas y se alejó, saltando como un animal.

Cuando llegó a su casa, era difícil ver dónde acababa la mujer y empezaba el perro. Se había maldecido a sí misma con sus descuidadas palabras, y su familia se vio obligada a encerrarla, temiendo la vergüenza que les acarreaba. Cuando murieron sus padres, su hermano, que sentía poca simpatía por ella, la hizo encerrar en una jaula, donde permaneció hasta el final de sus días.

La mula sin cabeza es un tema común en la mitología brasileña. La creencia más extendida es que sus orígenes proceden de la Europa medieval, probablemente de Iberia, y que la historia llegó a Brasil con los colonos portugueses en el siglo XVI.

Generalmente, se considera que esta Mula Sem Cabeça ha sido una mujer maldita por sus pecados. La mula varía en su aspecto de un estado a otro, pero generalmente es marrón o negra con pezuñas de plata o hierro que repiquetean y hacen un ruido alarmante. A veces sale humo y llamas de su cuello donde debería estar su cabeza. A pesar de no tener boca (aunque algunos sugieren que sí tiene cabeza, pero que está oscurecida por el fuego), emite un relincho estridente o se lamenta y llora como una mujer humana.

La pobre mujer que se convirtió en la Mula Sem Cabeça era una muchacha que mantuvo relaciones sexuales antes de casarse o una mujer que entabló una relación con un sacerdote. Por ello, es maldecida a galopar por siete parroquias, empezando y terminando donde cometió su acto pecaminoso. En algunas versiones de la historia, el encantamiento termina cada mañana con el canto del gallo. Entonces vuelve a su estado humano, exhausta y desnuda, salvo por su brida. Al anochecer, se convertirá en mula y volverá a galopar.

En otras versiones, desgarra campos y bosques, devorando a cualquier criatura desafortunada que se cruce en su camino. Hay varias formas de detenerla, como arrancarle la montura, lo que no es poca cosa, ya que a menudo se dice que está al rojo vivo. Si se le quita, la maldición puede reanudarse si se la vuelve a embridar.

En su defecto, sacarle sangre con una aguja podría detenerla, lo que es algo más fácil que atarla a una cruz, que es otra cura. Una vez libre de la maldición, desnuda (de nuevo), agradecida y oliendo débilmente a azufre, se arrepentirá de sus pecados. Resulta revelador que el sacerdote que rompió sus votos al entablar esta relación no sufriera ninguna maldición o indignidad conocida; la responsabilidad parece recaer exclusivamente en su amante.

Un ser mítico inusual que se dice que vaga por los estados de Piauí, Minas Gerais, Mato Grosso y Rondônia es el Pé de garrafa («Pie de botella»). Tiene una sola pierna y, debido a ello, se supone que deja tras de sí huellas que parecen las de una botella arrastrada por el suelo, similares a las pisadas que deja el perezoso gigante, lo que se cree que explica el origen de esta entidad.

El Pé de garrafa es en parte hombre con un cuerno en el centro de la frente. Está cubierto de pelo. Puede imitar voces humanas y atraer a la gente a las profundidades de los bosques, donde se pierden rápidamente. No es tan sanguinario como otras criaturas mitológicas brasileñas, pero volverá loca a la gente con su extraña y estupefaciente mirada.

En la región de Minas Gerais, especialmente en São Paulo, la gente cuenta el mito de Corpo Seco («Cuerpo Seco»), un hombre que fue tan malvado y cruel durante su larga vida que cuando murió, tanto los ángeles como el diablo se negaron a llevárselo. Su familia lo enterró, pero incluso la tierra se negó a aceptar su cuerpo. Yació en su tumba, entero y sin ser devorado por los gusanos, sin descomponerse nunca.

Algunos afirman que era de Monteiro Lobato, en Serra da Mantiqueira. Retuvo a sus padres en un sótano oscuro y los golpeó sin motivo. Sometió al rencor y al odio a todos los que conoció y fue asesinado por un justiciero. Los habitantes de Monteiro Lobato lo detestaban tanto que escupieron sobre su tumba.

Después de mucho tiempo, se levantó de su tumba. En los largos años transcurridos, su pelo y sus uñas se habían alargado y su cuerpo era enjuto y demacrado. Se arrastraba por las noches, escondiéndose y, de vez en cuando, lamentándose de su situación. Es una especie de zombi. Es tan malvado en la muerte como en la vida, y mata a cualquiera con el que se cruza aplastando sus cuerpos con sus delgados y secos brazos.

En el estado de Piauí, al noreste de Brasil, la Cabeça de Cuia («Cabeza de Calabaza») es el extraño espectro que protege los ríos Parnaíba y Poty.

La historia comienza con un joven, Crispim, que vivía a orillas del río Parnaíba con su familia. Eran pobres y dependían del río para alimentarse, pero era una vida dura. Había periodos en los que había poco pescado que pescar, especialmente durante la época de crecidas.

Un día, Crispim sacó la barca con la esperanza de pescar algo para el almuerzo, pero no había nada. Abatido y hambriento, regresó a casa, maldiciendo su mala fortuna y la falta de fondos y alimentos de su familia.

Su madre, al verlo tan abatido, sintió pena por él y fue a ver a su vecina para ver si podían ofrecerle algo con lo que hacer una comida. Lo único que tenía la vecina era un hueso de buey, que le entregaron.

La madre de Crispim hizo todo lo que pudo, pero sin nada más disponible que un poco de harina, no pudo hacer otra cosa que hervir el hueso para hacer un caldo fino. Cuando su hijo se sentó a comer, después de haber pasado tantas horas tratando infructuosamente de pescar, se horrorizó al ver que le servían esta agua de hueso. Enfurecido, agarró el hueso y se lo lanzó a su desafortunada madre, matándola. Crispim ni siquiera intentó ayudarla. En su lugar, huyó tan rápido como pudo.

Mientras agonizaba, la pobre mujer maldijo a su hijo y, mientras Crispim corría, su cabeza empezó a hincharse y a crecer hasta parecerse a una gran calabaza.

Ya no humano, Cabeça de Cuia (que es en lo que se convirtió Crispim) fue abandonado para vagar por Teresina, donde confluyen los dos ríos. Desea desesperadamente expiar su maldad y romper su encantamiento, pero para ello debe devorar a siete jóvenes vírgenes llamadas María, que era el nombre de su madre.

Enloquecido por la maldición y en su búsqueda de Marías, causa frecuente y torpemente la muerte de bañistas y de quienes pescan en los ríos. Con su horrible cabeza hinchada, puede respirar bajo el agua y nadar como un pez. Arrastra a las personas que mata a las profundidades de los ríos.

En una versión menos sanguinaria del mito, en lugar de verse obligado a asesinar y comerse a siete Marías, simplemente busca a su madre para suplicarle perdón.

El Capelobo es una bestia mítica especialmente conocida en los estados de Maranhão, Amazonas y Pará. Se cree que es originario de los indígenas de esas zonas. Su nombre procede de la palabra indígena brasileña *cabo*, que significa «hueso roto», y de la palabra portuguesa *lobo*, que significa «lobo», aunque su etimología es bastante más complicada.

El Capelobo es en parte hombre, pero tiene pezuñas en lugar de pies, un espeso pelo castaño que le cubre por completo el cuerpo y la cabeza de un oso hormiguero gigante. En algunos relatos, sus patas traseras son como las de una cabra, y también se sugiere que tiene algunos rasgos de un tapir.

Aunque en general tiene la cabeza y la boca de un oso hormiguero gigante, su dieta no consiste en insectos. Devora gatos, perros y a veces personas, estrujando sus cuerpos hasta que mueren y bebiendo después su sangre. También puede perforarles el cráneo para alimentarse del cerebro con su larga lengua.

El Capelobo vive en las selvas tropicales y recorre las regiones más húmedas a altas horas de la noche, con la esperanza de encontrar gatitos o cachorros regordetes con los que darse un festín. Se lo puede matar, pero solo con un único disparo de rifle que le atraviese el ombligo, una parte vulnerable del cuerpo de los personajes más horribles de la mitología brasileña.

Un tema común en la mitología brasileña es el concepto de partes del cuerpo místicas y flotantes. Un buen ejemplo de ello es la Cabeça Satânica («Cabeza Satánica»), un ser bizarro tan vil como su nombre sugiere. Es casi seguro que tiene su origen en el folclore portugués, con sus raíces firmemente arraigadas en el fuego del infierno y la condenación cristiana, y diseñado para mantener a raya a los europeos medievales. Se cree que se introdujo en la tradición popular brasileña gracias a los colonizadores que llegaron a la región de Pernambuco, pero su influencia se extendió por todo el país. Todavía se lo teme en algunas de las zonas más remotas de Brasil.

Cabeça Satânica es exactamente como su nombre indica: la cabeza incorpórea de un diablo que de algún modo se suspende en el aire a altas horas de la noche. Algunos de los que cuentan haberlo visto explican que rueda o rebota por el suelo antes de encontrar un lugar apropiado para quedar a la deriva en el aire. Otros dicen que es llevado o conducido por algún tipo de espectro que se desvanece cuando la horrible cabeza encuentra a su presa.

Suele describirse como de color rojo, a veces resplandeciente, con una sonrisa maníaca y, la mayoría de las veces, el pelo largo y revuelto (por el que lo lleva su fantasma). Sus ojos son mortales e inolvidables, y sus otros rasgos son toscos y feos. Escupe fuego y tiene una risa estridente y graznante.

Por supuesto, como es de esperar, tiene malas intenciones. Cualquiera que lo toque o tenga la mala suerte de que le caiga encima, enfermará rápidamente y morirá en cuestión de días. En algunas historias, puede devorar a la gente entera. Parece no tener historia de origen. Nadie sabe quién fue ni de dónde vino, y sus víctimas parecen ser elegidas al azar. A los que tienen la desgracia de encontrarse con él se les aconseja que se persignen o, si tienen a mano una cruz de palma del Domingo de Ramos, que se la arrojen y luego huyan rápidamente. Estas mismas cruces pueden clavarse en las puertas para mantenerlo a raya.

En el estado de Pará, hay otra cabeza flotante, la Cumacanga (o Curacanga), a la que temer. Esta cabeza era originalmente una mujer que tuvo una aventura con un sacerdote. En otras historias, es la cabeza de la séptima hija consecutiva nacida en una familia. Para evitar que este destino le ocurriera a la séptima hija, se convirtió en tradición que la sexta hija se convirtiera en la madrina del bebé.

Esta cabeza tiene el pelo de fuego y flota de su cuerpo por la noche, asustando a la gente en plena noche antes de volver a su cuerpo al primer canto matutino del gallo. Si alguien ve la cabeza incorpórea y le ofrece una aguja, al día siguiente, la mujer (entera) se ve obligada a devolvérsela, revelando la identidad de la Cumacanga.

La Perna Cabeluda («Pierna Peluda»), otra parte mítica del cuerpo con mente propia, es una pierna cubierta de pelaje grueso y oscuro que rebota o salta por las calles en plena noche, cuando todo el mundo duerme. Si se cruza con un borracho o un adúltero, le pondrá la zancadilla o le dará una fuerte patada.

Esta historia comenzó como una broma en los años 70, cuando un oyente de un programa de radio de Recife afirmó que había encontrado la pierna en su cama, y su mujer le dijo que era un ser autónomo que había llegado allí por sí mismo. Esta historia pareció captar la imaginación del público y, en poco tiempo, se convirtió en parte integrante del folclor brasileño.

Algunos afirman que era la extremidad de un hombre malvado que mató a su madre a patadas, y otros dicen que era parte de un cuerpo desmembrado que el diablo arrojó desde el infierno. También se rumorea que ahora tiene ojos y boca en la rodilla, lo que sugiere que la historia puede seguir desarrollándose con el paso de los años.

Capítulo seis - Serpientes, culebras y gusanos

En el sur de Brasil, se cree que una mítica serpiente anfibia o gusano conocido como el Minhocão vive o vivió una vez en las profundidades de la tierra y bajo el agua. Descrito como un enorme monstruo con duras escamas negras y posiblemente cuernos, se dice que su cuerpo mide aproximadamente de 20 a 50 metros de largo (65 a 165 pies), pero podría llegar a medir 80 metros (260 pies). Provoca temblores de tierra y desprendimientos al excavar bajo tierra.

El Minhocão de Parí que merodea por el río Cuiabá en el estado de Mato Grosso es un ejemplo bastante conocido. Se dice que ataca y se come a los pescadores de ese río cuando los peces están desovando. Otras veces, se revuelca en el barro, creando grandes zonas pantanosas y dañando las carreteras. Incluso arrastra ganado y caballos a su guarida.

A diferencia de muchas de las criaturas mitológicas y legendarias de Brasil, existen varios avistamientos documentados del Minhocão y algunas especulaciones sobre sus orígenes. En el estado de Paraná, un joven vio cómo un pino caía repentinamente al suelo. Cuando se apresuró a investigar, se dio cuenta de que la tierra se movía debajo de él y vislumbró una enorme criatura parecida a un gusano con dos cuernos que se desplazaba por el barro. En ese mismo estado, una mujer que se dirigía a un estanque cercano por agua encontró la zona destrozada y un animal del tamaño de una casa arrastrándose. Otras personas llegaron demasiado tarde para ver a la bestia, pero sí vieron el rastro que su cuerpo había dejado tras de sí.

Un ingeniero llamado Émile Odebrecht hizo una vez un reconocimiento de las tierras altas de Santa Catarina. Registró varias zanjas profundas, irregulares e inexplicables que discurrían junto a un afluente. Se pensó que habían sido causadas por el movimiento del Minhocão.

En 1849, apareció la descripción de un Minhocão muerto. Este relato afirmaba que la piel de la criatura era tan gruesa como la corteza de un pino y tenía escamas como las de un armadillo. El respetado biólogo alemán Fritz Müller teorizó que tal vez el Minhocão podría ser algún tipo de armadillo gigante que se creía extinguido. También sugirió que podría tratarse de un pez pulmonado sudamericano de gran tamaño, ya que se decía que era más activo durante los periodos prolongados de lluvia.

El Minhocão no es la única serpiente de agua monstruosa de la mitología brasileña. La boiúna («serpiente gigante») es una presencia malévola que acecha en los rincones más oscuros de los ríos, lagos y lagunas. La boiúna es una serpiente tan colosalmente grande que se dice que los surcos provocados por su gran cuerpo ondulante en los bajíos han formado los ríos que fluyen desde el Amazonas. Esta serpiente emite un ominoso sonido retumbante y tiene grandes ojos brillantes. Algunos de los grupos indígenas del Amazonas creen que no se trata de un espíritu solitario, sino más bien de la criatura que se desarrolla a partir de una boa constrictor que sigue creciendo más allá de los aproximadamente dieciocho pies (seis metros), su longitud máxima.

La capacidad de cambiar de forma de la boiúna no se limita a las formas humanas o animales. Es capaz de asumir la forma de un barco fantasmal o de un vapor. Cuando adopta esta forma, da cruelmente esperanzas de rescate a quienes se encuentran en peligro en el agua. Con sus propias canoas volcadas o hundiéndose, nadan hacia la extraña embarcación que les promete la salvación, sin darse cuenta de que se precipitan hacia su perdición.

También ataca directamente a los humanos que encuentra en las aguas que considera su territorio y los arrastra a las profundidades. Allí, se atiborra de ellos en las cuevas submarinas que ella misma ha excavado. En una historia más rocambolesca, los lleva a un reino submarino para los muertos y los transforma en serpientes de río.

Mientras nada, la boiúna deja un rastro delator en forma de V sobre la superficie del agua. A menudo se le considera un protector de la vida acuática, pero su presencia en el agua es suficiente para impregnar a las mujeres que se bañan o nadan en esas aguas.

La boiúna tiene un lado más siniestro y sobrenatural. Sus ojos luminosos le confieren la capacidad de hipnotizar a sus víctimas. Entonces puede robarles sus sombras, dejándolos morir como un *assombrado* («uno sin sombra»), un fallecimiento horrible y miserable, ya que la víctima se consume al cabo de unos días.

En el río Tocantins había una boiúna llamada Norato que salía con frecuencia del agua y se disfrazaba de joven apuesto. Bailaba y festejaba con los humanos, dejando su piel de serpiente en la orilla del río para que estuviera lista para su regreso. Esto funcionó bien durante algún tiempo hasta que olvidó por descuido ocultar su piel en su afán por bailar. Un transeúnte la encontró. Suponiendo que podría pertenecer a una boiúna, lo quemaron. Norato regresó a la orilla del agua tras una noche de alta vida, pero fue incapaz de encontrar su piel y se vio obligado a seguir siendo un humano.

A diferencia de algunos de los monstruos de los mitos brasileños, la boiúna se considera inteligente. Cuando se la invoca durante una sesión espiritista, puede divulgar muchas cosas sobre el inframundo, al menos según los espiritistas.

Sus poderes hipnóticos también pueden afectar a los barcos, dejándolos estáticos e incapaces de moverse en aguas remotas. Muchos marineros a lo largo de los tiempos se han preguntado si las dificultades mecánicas de su embarcación pueden deberse a los poderes de la boiúna.

Se puede matar o desencantar a la boiúna. Tras atraerla a la orilla del río con un cuenco de leche fresca, hay que degollarla rápida y limpiamente, y luego su asesino debe partir rápidamente sin dar marcha atrás.

Las bellísimas cataratas de Iguazú («Gran Agua») están situadas en la frontera entre Brasil y Argentina. Son las cataratas que Eleanor Roosevelt llamó célebremente «Niágara pobre» cuando las visitó. Estas cataratas han sido sagradas para los indígenas tupí-guaraníes que vivían en los alrededores desde tiempos remotos. Algunos adoraban al dios serpiente M'Boi, que exigía sacrificios humanos de vez en cuando.

Hace mucho tiempo, había una muchacha llamada Naipi, hija de un jefe, que era muy hermosa. Su belleza era tal que los ríos dejaban de fluir cuando ella miraba su reflejo en sus aguas. M'Boi exigió que se la entregaran. Sin embargo, Naipi ya se había enamorado de Tarobá, un apuesto joven de una tribu vecina. No tenía intención de dejar que M'Boi se quedara con su amada y se las arregló para rescatarla en su canoa.

La noche anterior a la ceremonia de sacrificio, Naipi huyó. Remaron a lo largo del río, pero M'Boi descubrió rápidamente lo que había sucedido. Furioso, empezó a mover sus inmensas espirales. Mientras se movía, la tierra se desplazó de tal forma que la canoa se vio obligada a saltar por encima de las cataratas. En algunos relatos, la pareja cae eternamente.

En otras historias, Naipi fue convertida en una piedra central distintiva por su desobediencia y falta de respeto al dios del río. Está destinada a ser golpeada por la caída de las aguas para siempre. Tarobá se convirtió en una palmera al borde de un acantilado donde debe contemplar el tormento de su amante. Permanece allí, incapaz de ayudar a su amor. Ambos son vigilados por el vengativo M'Boi desde su guarida submarina, una cueva conocida como Garganta del Diablo. De vez en cuando, los arcoíris forman el tramo que va desde la piedra de Naipi hasta el árbol de Tarobá, una manifestación de su amor, algo que ni siquiera M'Boi pudo destruir.

La boitatá es una bestia legendaria parecida a una serpiente que habita en la tierra y que suele tener poderes hipnóticos similares a los de la boiúna. Sin embargo, es bastante más etérea y a menudo se describe como una especie de serpiente de fuego compuesta enteramente de llamas de colores. A veces, puede aparecer como una bola de fuego que flota, vuela o se suspende en el aire. Es posible que este mito esté fuertemente influenciado por el fenómeno llamando en inglés *will-o-the-wisp* («fuego fatuo»), las pálidas llamas que se producen de forma natural sobre los pantanos al atardecer.

La versión más serpenteante de esta entidad puede respirar fuego y a veces se describe como si tuviera dos cuernos. Puede disfrazarse de rama de árbol en llamas y tiene ojos brillantes que ciegan o desequilibran las mentes de quienes los miran, o puede hipnotizarlos lo suficiente como para comerse sus ojos. A cualquiera que tenga la desgracia de ver a la boitatá se le advierte que permanezca lo más quieto posible con los ojos cerrados y que rece para que pase rápidamente.

Paradójicamente, el propósito de esta serpiente de fuego es proteger la tierra de los cazadores furtivos que incendiarían los bosques. Su objetivo es asustar a los leñadores que pretenden talar los árboles.

La versión del mito que se cuenta en Río Grande do Sul explica cómo surgió la selva de la oscuridad primordial cuando comenzaron las inundaciones. La mayoría de los animales se aventuraron en las tierras más altas. El Boiguaçu, una serpiente que vivía en una cueva, era la única criatura capaz de ver en la oscuridad. Se alimentaba de los animales y se comía sus ojos hasta que los suyos brillaron y resplandecieron como dos pequeños soles. Su cuerpo creció hasta alcanzar una gran longitud y luego empezó a arder. El cuerpo del Boiguaçu pereció al consumirse. Toda la luz de los ojos brotó de ellos y creó el sol. La boitatá nació al mismo tiempo, volando por los cielos de la selva en un remolino de llamas.

En algunas regiones del noreste de Brasil, la boitatá es una especie de cajón de sastre para todas las almas malignas que han vivido y luego han muerto. Al sur, el mito se ha enredado con la historia bíblica de Noé y el arca. En ella, las serpientes que sobrevivieron al diluvio universal, que se decía que había liberado a la tierra de la maldad, fueron castigadas con fuego. Cada una estaba llena de llamas.

Las Serpentes de Igreja, «serpientes de iglesia», son otro fenómeno de la mitología brasileña. Existe la idea de que unas inmensas serpientes duermen bajo tierra desde hace siglos. Deben permanecer imperturbables o, de lo contrario, los edificios religiosos situados directamente sobre sus cabezas o las puntas de sus colas serán destruidos. A veces, la ciudad entera quedará reducida a escombros.

Hay una serie de rituales o procesiones locales necesarios para mantener a las serpientes dormidas, y todavía se realizan en São Luís en Maranhão, Lages en Santa Catarina, Itacotiara en Amazonas, Araraquara (se dice que esta serpiente en particular es un niño encantado) y Taubaté en São Paulo, y Belém y Óbidos en Pará. Con el tiempo, sin embargo, estos esfuerzos serán inútiles, ya que la serpiente despertará cuando crezca tanto que su cola entre en su boca.

La zona rural de Santarém, en la parte baja del Amazonas, en el estado de Pará, al norte de Brasil, alberga la historia de Cobra Honorato (o Norato) y Maria Caninana. La leyenda se desarrolla en una aldea cercana a las orillas de un río donde una joven descubrió que esperaba un bebé. No había mantenido relaciones sexuales, pero se había bañado en el río. En algunas versiones de la historia, es atacada por la boiúna. Cuando llegó su hora, dio a luz a dos serpientes negras.

Antes de que pudieran escabullirse, su vieja comadrona de Tapuya los bautizó Honorato y María. Las dos mujeres les permitieron volver al agua de donde habían descendido. Las dos serpientes crecieron hasta la madurez en el río. La serpiente macho, la cobra Honorato, era buena y reflexiva. Su filiación medio humana le permitía en ocasiones salir del río al anochecer y transformarse en un joven muy apuesto vestido todo de blanco. En estas veladas, se dirigía tranquilamente a la casa de la anciana Tapuya, su madrina, y comía con ella. La trataba con mucho respeto y a menudo se quedaba con ella hasta que llegaba la hora de volver a meterse en su inmensa piel de serpiente y deslizarse de nuevo por las aguas. Su madrina lo quería mucho.

Cobra Honorato también se aseguró de ayudar a los aldeanos siempre que pudo. Luchó contra los depredadores que podían diezmar los peces de los que dependían y, en una ocasión, pasó tres días luchando contra los siluros del río Trombetas que habían empezado a robar peces del río Claro. Salvó a varias personas de ahogarse en el río y rescató embarcaciones y canoas dañadas.

Su hermana, Maria Caninana, no compartía la personalidad de su hermano. Era despiadada y agresiva. Nada le gustaba más que hacer la vida desagradable a la gente que a su hermano le gustaba ayudar. Nunca visitaba a su madrina. En lugar de eso, prefería atacar a figuras solitarias que cazaban marisco a la orilla del agua y encontrar marineros que se aferraban a los restos de sus barcos tras ser golpeados por una tormenta y los arrastraban hasta el fondo del río.

En el puerto fluvial de Óbidos, en el estado de Pará, hay una colosal serpiente enroscada bajo el municipio, profundamente dormida. Se supone que su cabeza está bajo el altar dedicado a Santa Ana en Notre-Dame, mientras que el extremo de su cola yace en el fondo del río. Todo el mundo es consciente de que si despertara, la iglesia se derrumbaría y el desastre se abatiría sobre la población de esa región.

María Caninana peinó cuidadosamente el lecho del río, buscando el extremo de la cola de la serpiente. Cuando por fin encontró la cola, la mordió con fuerza, con la esperanza de causar estragos. La serpiente se agitó, provocando un temblor en todo el puerto, pero no despertó.

Cobra Norato se dio cuenta de que su hermana nunca detendría su campaña para sembrar la miseria en el pueblo de su madre, así que, con el corazón encogido, la mató. Tras pasar un tiempo a solas para asimilar lo que había hecho, Cobra Norato regresó a la aldea. Dejó su piel de serpiente a la orilla del agua, como hacía cuando visitaba a su madrina, y se encontró con que el pueblo estaba compartiendo una comida. Cuando lo vieron vestido de blanco, le dieron la bienvenida y le pidieron que comiera con ellos.

Cobra Norato bailaba con las chicas y charlaba con los hombres. Fue respetuoso con los ancianos y todos quedaron encantados con este joven educado y de buenos modales. Cuando la fiesta llegó a su fin, desapareció. Justo cuando sus nuevos amigos se dieron cuenta de que se había ido, oyeron el sonido de una gran serpiente que se zambullía en el río.

Cobra Norato se convirtió en un visitante habitual del pueblo. Todos los años suplicaba que alguien rompiera la maldición para poder seguir siendo un joven apuesto. Les decía que si lo encontraban dormido en su forma de serpiente en la orilla del río, con la boca abierta, harían falta tres gotas de leche materna en su lengua y un corte en la cabeza con una cuchilla que no se hubiera usado antes. Sus grandes mandíbulas se cerrarían de golpe y, después de que tres gotas de sangre brotaran de la herida de su cabeza, se alejaría de sus restos reptiles para disfrutar de una vida mortal. A continuación, su piel desprendida sería quemada para que nadie más pudiera sufrir el mismo terrible encantamiento.

Aunque los aldeanos sentían una gran simpatía por Cobra Norato, eran pocos los valientes que se acercaban a él mientras dormía. Sus enormes y afilados colmillos eran aterradores de contemplar. Todos sus allegados llevaban consigo viales de leche materna y espadas nuevas, con la esperanza de poder ayudar, pero no podían obligarse a acercarse a él para el ritual que tanto ansiaba.

Abatido, Cobra Norato se dedicó a nadar cada vez más lejos del pueblo, siempre con la esperanza de encontrarse con alguien dispuesto a ayudarlo. Finalmente, llegó al pueblo de Cametá. Allí, mudó de piel y se mezcló con la gente del lugar. Les contó su difícil situación. Un soldado lo escuchó y estaba decidido a ayudar al pobre joven.

Cogió un tarro de leche materna y encontró a Cobra Norato durmiendo en la orilla del río con la boca abierta, tal y como le había dicho. Sin pensar en su propia seguridad, el soldado hizo lo que el joven le había pedido. Mientras la sangre rezumaba de su cabeza, la maldición fue levantada y Cobra Norato pudo por fin empezar una nueva vida como humano.

Capítulo siete - Los fantasmas brasileños

Los niños brasileños han sido alentados a comportarse por miedo a una variedad de entidades viles, muy parecidas al hombre del saco o coco. Se cree que la mayoría de estas entidades están influenciadas por las tradiciones africanas, con sus historias contadas por los esclavos negros llevados a Sudamérica por los colonos portugueses. Estas historias, sin embargo, se han transformado a medida que pasaban de generación en generación.

Tutu Marambá es una de estas horribles criaturas. Come niños, y su área de interés son aquellos niños que no se duermen. Suele describirse como un enorme vacío de la nada que se esconde tras las puertas de las habitaciones de los niños, aunque algunas historias dicen que es un ogro inmensamente fuerte y peludo que huele y suena como un pecarí. Otra versión, prevalente en el estado de Bahía, que une estas dos ideas, ve a Tutu Marambá como una criatura de sombra que es capaz de transformarse en un cerdo salvaje para utilizar la velocidad y la fuerza de esa criatura.

La única forma conocida de proteger a los niños de la atención de Tutu Marambá es con canciones y nanas, que se cantan suavemente a un bebé a la hora de dormir.

«*Bicho Tutu, sai de cima do telhado.*
¡Deixa esse menino dormir sossegado!»
«Tutu, bájate del tejado.
¡Dejen que este niño duerma en paz!»

Sin embargo, en las regiones del sur de Brasil, Tutu Marambá era un antiguo guerrero. Era un hábil lancero que nunca fallaba en abatir a su objetivo, fuera hombre o bestia, y defendía y protegía diligentemente a la gente de su aldea. Su fama se extendió con sus valerosas hazañas, y su pueblo disfrutaba viviendo en seguridad y trataba a su campeón con gratitud y respeto.

Pero esta paz se hizo añicos cuando un ejército de extranjeros lanzó un ataque. Tutu Marambá fue asesinado por un dardo envenenado mientras luchaba por salvar su aldea. Apenado, el pueblo lo lloró y llevó su cuerpo a un lugar sagrado donde sería recordado para siempre. Cuando lo enterraron, su alma se elevó como un hermoso pájaro blanco, y esta especie ha llegado a representar el coraje y la valentía. No hay una razón clara por la que el antiguo guerrero se convirtió en un horrible hombre del saco, pero probablemente se deba a la confusión provocada por sus nombres similares.

Los esclavizados africanos introdujeron o asumieron el Tutu Marambá como parte de su cultura en Brasil. Las canciones e historias que compartían con sus hijos fueron transmitidas a los hijos de estos, y así sucesivamente. Su nombre deriva probablemente de la palabra kimbundu para «ogro». Esta lengua era hablada por los habitantes de la región angoleña del continente africano.

Los indígenas de las regiones septentrionales llaman a esta entidad Tutu Zambê, un monstruo de piernas deformes y torcidas —a menudo lisiado— y a veces sin cabeza. Este no tiene la paciencia del Tutu Marambá. En lugar de esperar en las puertas, prefiere vagar por los bosques en busca de víctimas jóvenes o vulnerables.

Los niños que lloran en el estado brasileño de Minas Gerais corren el riesgo de ser devorados por la Chibamba, una bestia mitad humana, mitad bestia que se cubre con hojas de plátano. Se mueve constantemente como si bailara y se cree que tiene su origen en antiguas historias africanas llevadas a Brasil por los trabajadores esclavizados de las plantaciones portuguesas.

La Cabra Cabriola es otra criatura temida por los niños, pero esta entidad tiene su origen en el folclore portugués. Se trata de una horrible cabra nodriza con ojos y orificios nasales llameantes que se come a los niños y niñas traviesos. Puede entrar en las casas abriendo las puertas o trepando desde los tejados. Se dice que cuando los niños pequeños lloran mientras duermen es porque la Cabra Cabriola se ha hecho con otra víctima para darse un festín.

Sus pies repiquetean mientras corre por los tejados y canta a ese ritmo una cancioncilla un tanto maníaca:

«*Eu sou a Cabra Cabriola*
Que como meninos aos pares
Também comerei a vós
Uns carochinhos de nada!»

«Soy Cabra Cabriola
que se come a los niños por parejas,
y también te comeré a ti,
que no eres nada».

Los padres de los estados noroccidentales de Sergipe, Bahía y Alagoas que temen que sus hijos estén en peligro por esta monstruosa cabra, les aconsejan que se pongan de rodillas y recen. Esta es solo su esperanza cuando se acerca a sus casas.

Hay una canción de cuna brasileña que se canta a los bebés y a los niños pequeños con una ominosa advertencia:

«*Nana neném que a Cuca vem pegar*
Papai foi para a roça, mamãe foi trabalhar».

«Nena, esa Cuca viene a por ti,
papá se ha ido a la granja y mamá a trabajar».

Cuca es una bruja de tradición europea que ha encontrado su lugar en el folclore brasileño. Es una bruja horrible y hechicera empeñada en secuestrar y hacer daño a los niños. La primera Cuca salió de un huevo al principio de los tiempos y, al cabo de mil años, se convirtió en un pájaro cantor famoso por su lúgubre canto. Después, una Cuca recién nacida ocupa su lugar.

A diferencia de sus primas brujas europeas, Cuca es un espíritu que invade los sueños y el subconsciente, asustando a sus víctimas con las pesadillas más terroríficas. Solo duerme una noche cada siete años.

Otra amenaza más para los niños, esta vez en la región de Recife, es el Palhaço do Coqueiro («el payaso del cocotero»), un horrible payaso que roba niños para vender sus órganos. Se trata de una corrupción reciente de un payaso mítico que tuvo tan poco éxito en sus esfuerzos por entretener al público del circo que huyó. Enloquecido por su fracaso, se sube a los cocoteros para ver la luna, que parece sonreírle.

Cuando la luna mengua o en las noches nubladas, baja e intenta divertir a la gente con la que se cruza. Si no se ríen, vuela hacia ellos furioso y a menudo los mata.

Papa-Figo («devorador de hígados») también busca un suministro de niños para descuartizar. Es un anciano de nariz larga y dientes y garras afilados. Lleva un gran saco a la espalda en el que mete los cadáveres de los niños que dicen mentiras. Si no puede hacerse con niños adecuados, cogerá cadáveres frescos de los cementerios.

Se supone que padece alguna enfermedad, probablemente la enfermedad parasitaria tropical de Chagas, potencialmente mortal, que se declaró en el noreste de Brasil. Cree que comer hígados de niños lo ayudará a curarse. El tratamiento habitual para los enfermos de Chagas era la punción del hígado.

En el estado de Bahía, existe otra entidad coco, el Quibungo. Esta criatura verdaderamente espantosa, que se cree que procede de la tradición de Angola y el Congo, es un híbrido de criaturas, entre las que se incluyen un simio, un perro feroz y, a veces, un cerdo salvaje. Se distingue de otras bestias fantásticas brasileñas por la segunda boca enorme de su espalda, que utiliza para devorar enteros a los niños.

En un cuento muy difundido, el horrible Quibungo encontró una tarde a una niña jugando sola al aire libre. La agarró con su segunda boca y se largó, con la intención de disfrutar comiéndosela a sus anchas de vuelta en su cueva.

La niña empezó a cantar desde el interior de la boca del Quibungo, pidiendo a su madre que viniera a salvarla. Su madre, sin embargo, le había advertido que no jugara sola en la oscuridad. Aunque oyó la triste canción, se negó a ayudar.

La niña siguió cantando, pero sus otros parientes adoptaron la misma postura que su madre y nadie hizo ningún esfuerzo por salvarla hasta que Quibungo se acercó a la casa donde vivía la abuela de la niña. Esta anciana llenó rápidamente una olla con agua hirviendo. Al pasar, confiada en que no le desafiarían por su cena, le arrojó el agua sobre los pies, quemándolo.

Cuando el Quibungo cayó de rodillas en agonía, su boca trasera se abrió para aullar de dolor, y la niña saltó. Su abuela no había terminado con el desalmado devorador de niños. Lo apuñaló en el cuello con un pincho encendido, matándolo.

La niña se quedó con su abuela y no volvió a salir a jugar por la noche, ya que había muchos más quibungos dispuestos a arrebatarle una apetitosa cría.

Los cuentos con moraleja no se limitan a los personajes del hombre del saco. También hay personajes de tipo brujo influidos por la tradición europea; estas figuras tienen probablemente su origen en la cultura portuguesa que se desarrolló en Brasil.

En el folclore de las regiones del norte de Brasil, Matinta Pereira era una anciana con la capacidad de transformarse en pájaro. Se decía que, en su forma más primitiva, podía comunicarse con los animales en su propio idioma y que tenía la capacidad de controlar el clima e incluso convocar tormentas. Su historia ha evolucionado desde entonces. En lugar de ser la mujer sabia del bosque con poderes musicales para inspirar asombro y respeto, con el paso de los siglos se convirtió en un personaje mezquino y más desagradable.

Bajo su forma más reciente, es una bruja que puede convertirse en un pájaro. Generalmente, se cree que es el cuco rayado, aunque algunos dicen que es una lechuza común. En esta forma, vuela sobre los tejados de las casas por la noche y emite espantosos chillidos y graznidos para que la gente que está dentro no pueda conciliar el sueño. Solo detiene este alboroto si le ofrecen un regalo —normalmente café o tabaco— y se va volando.

Al día siguiente, llega a la misma casa, esta vez en su forma humana, para recoger el regalo prometido. Si no llega, los maldice con la promesa de la enfermedad o la muerte.

Se cree que esta bruja Matinta Pereira es una maldición hereditaria que se transmite de madre a hija. Si no hay heredera de este horrible maleficio, puede intentar transmitirlo si encuentra a alguien que esté de acuerdo. Las mujeres vanidosas y codiciosas corren especial riesgo de ser engañadas para que asuman esta responsabilidad.

Los pueblos decididos a librarse de Matinta Pereira tienen un ritual especial. Se debe enterrar una llave cerca de donde se espera que ella aparezca. Se colocan unas tijeras sobre la tierra, cubriéndola, junto con un rosario (para obtener mejores resultados, cada cuenta debe bendecirse por separado). Cuando Matinta Pereira camine sobre ella, su espíritu quedará atrapado, y su maldición debe ser barrida con una escoba para asegurarse de que no supure.

Pisadeira («Mujer del sello») es otra entidad parecida a una bruja. Se la describe como una bruja con ojos de diablo. Es más conocida en la región de Minas Gerais, sobre todo en São Paulo.

Tiene la horrible risa a carcajadas, sinónimo de las brujas, y desprende un olor fétido y pútrido. Físicamente, tiene la nariz grande, la barbilla respingona y la boca torcida y ancha. Puede ser delgada o gorda. A menudo se la representa con dedos largos y huesudos y vestida con harapos raídos, a veces con un gorro rojo.

Trepa por los tejados en busca de personas glotonas que se han ido a la cama con el estómago lleno tras haber comido demasiado. Cuando encuentra a alguno, se sube sobre ellos para que no puedan respirar.

La Pisadeira se utilizaba para explicar el fenómeno de la parálisis del sueño y tiene similitudes con el concepto del íncubo, del que se dice que causa pesadillas y terrores nocturnos entre los europeos. La Pisadeira fue el tema de algunos versos de la célebre poetisa brasileña Cora Coralina (*un nom de plume de Anna Lins dos Guimarães Peixoto Bretas*), «La Pisadeira viene, no te deja dormir, y por la mañana, estás roto como el infierno».

Los folcloristas creen que Pisadeira podría haberse desarrollado a partir del personaje mítico portugués Fradinho da Mão Furado. Se trata de un fraile que molesta a los durmientes. Cuando se despiertan, les presiona el pecho con las manos para que dejen de gritar.

Capítulo ocho -Influencias africanas

En la mitología brasileña, varias leyendas se remontan a las primeras historias portuguesas y moriscas. Por ejemplo, las historias de bellas princesas que son maldecidas para que guarden tesoros e historias de princesas serpientes han impregnado el folclore del norte de Brasil.

En la Edad Media, el pueblo musulmán norteafricano (a menudo conocido como los moros) entró frecuentemente en conflicto con los europeos en la península ibérica. Durante setecientos años, las fuerzas árabes y moras estuvieron presentes en la región y fueron derrotadas en España únicamente cuando comenzó la Era de las Exploraciones en 1492.

La presencia de los moriscos tuvo un profundo impacto en la cultura ibérica, sobre todo en la literatura y la arquitectura. Pero con su derrota y la creación de los países modernos de España y Portugal, los moriscos fueron tratados con desdén, llegando a ser esclavizados como mano de obra barata y enviados con frecuencia al otro lado del Atlántico para ayudar a construir las nuevas colonias en Sudamérica.

Jericoacoara, en el municipio de Jijoca, Ceará, tiene un faro. Se dice que bajo él, cerrada por enormes puertas de hierro, se encuentra una ciudad maravillosa llena de belleza y riquezas. Sin embargo, las puertas de esta ciudad están custodiadas por una enorme serpiente con escamas de oro y la cabeza y los pies de una mujer, una princesa encantada llamada Carolina, la *princesa encantada de Jericoacoara*.

Su maldición solo puede ser levantada después de que se haya realizado un sacrificio humano inmediatamente fuera de las puertas de la ciudad. Parte de la sangre de ese desafortunado debe pintarse a lo largo de su escamosa espalda. Entonces, volverá a ser la bella princesa que era, se abrirá su magnífica ciudad de las riquezas y se casará con su salvador (que tiene un carácter cuestionable, ya que acaba de masacrar a un inocente con una premisa un tanto imprecisa). Este héroe se convertirá en señor y rey de su reino.

Otro de estos mitos perdurables que se cree que tiene sus raíces en la llegada de los colonos portugueses es la historia de Teiniaguá, otra princesa mora.

La bella Teiniaguá consiguió escapar de la brutal atención de sus opresores españoles y huyó al sur de Brasil. Allí se encontró con Anghangá, que enseguida la maldijo. Se convirtió en una salamandra con un reluciente rubí en la cabeza. Está destinada a permanecer en una laguna del cráter de Jarau, en la cuenca del Paraná, Río Grande do Sul.

En la cercana y pequeña ciudad de São Tomé, había un joven sacristán que servía a los sacerdotes en la iglesia. Visitó la laguna y, cuando vio la salamandra, la capturó en un cuerno de toro y se la llevó a su alojamiento en la iglesia.

En otra versión de la historia de Teiniaguá, el sacristán estaba distraído por un sonido burbujeante que parecía provenir del corazón de la laguna. El ruido pareció hacerse cada vez más fuerte hasta que tuvo la certeza de que toda la laguna estaba hirviendo. Entonces, una luz sobrenatural procedente de debajo del agua empezó a hacerse más brillante y a elevarse en forma de bola como si se dirigiera hacia él. Aterrorizado, el sacristán intentó huir, pero se dio cuenta de que era incapaz de moverse. De repente, en un destello, la luz se transformó en una salamandra enjoyada con un rubí en la cabeza. El joven la capturó rápidamente en un cuerno de toro y se la llevó a su alojamiento en la iglesia.

Recordó haber oído una vieja historia sobre un lagarto encantado que, si se le trataba bien, guiaría a un buen hombre hasta una cueva llena de tesoros. Se preguntó si el cuento sería cierto. Abrió con cuidado el cuerno, dispuesto a alimentar a la salamandra, cuando se produjo un destello cegador. Una joven encantadora salió del cuerno y se hizo cada vez más grande hasta que quedó claro que era humana.

El sacristán nunca había visto tal perfección y se preguntó si había capturado a una diosa en la laguna. Cayó de rodillas asombrado, y entonces, volviéndose hacia él, ella habló. Le dijo que había sido maldecida por un asqueroso demonio y le explicó que era una princesa desafortunada. Cuando el sacristán trató de disculparse por su humilde entorno, que no correspondía con su belleza y estatus, ella rio suavemente. Cuando miró a su alrededor, su espartana habitación se había amueblado con el mobiliario más rico y exótico. Las oscuras paredes brillaban ahora con luz resplandeciente, como si estuvieran incrustadas de piedras preciosas y perlas, y el aire estaba perfumado con una fragancia dulce y embriagadora.

Teiniaguá le dijo entonces al asombrado joven que sería su amante. Los dos pasaron la noche juntos en su habitación encantada, pero por la mañana, ella desapareció. El pobre sacristán estaba exhausto y desolado. Tenía un aspecto horrible, con sus ojos cansados y enrojecidos y le costaba concentrarse en su trabajo, lo que preocupaba a los sacerdotes. Se preguntaban qué podía pasarle a su joven ayudante, que normalmente era tan diligente.

Por su parte, el sacristán estaba preocupado por sus pecados y ansiaba confesarse, pero no se atrevía a traicionar a Teiniaguá. Esa noche, cuando él se retiró a su habitación, ella regresó y volvieron a amarse. A partir de entonces, ella acudió a él todas las noches.

Una noche, Teiniaguá pidió al sacristán que le dejara probar el vino de la comunión. Incapaz de negarse a su amada, fueron a la iglesia y bebieron cáliz tras cáliz del vino sagrado. Después de hacer el amor junto al altar, se quedaron dormidos.

A la mañana siguiente, el sacristán se despertó, pero no estaba solo. Los sacerdotes lo encontraron rodeado de los atavíos de su libertinaje, pero Teiniaguá, como de costumbre, había desaparecido. La gente del pueblo quedó horrorizada por su comportamiento y, como se negó a decir con quién había estado en la iglesia, fue condenado a muerte. El joven estaba destrozado por la vergüenza y la culpa, pero aún más por la idea de no volver a ver a su princesa.

Una multitud se reunió para contemplar su ejecución. De repente, un rayo salió como de la nada y una figura resplandeciente surgió de la laguna. Teiniaguá, resplandeciente en su belleza, apareció ante la multitud, que huyó despavorida. Se volvió hacia el sacristán y lo condujo a las cuevas del cerro do Jarau, donde permanecieron durante doscientos años, custodiando allí el tesoro de fábula.

Sin embargo, este encantamiento no era permanente. Podía romperse si alguien completaba siete pruebas específicas. Cuando a esta persona se le concedía un deseo, podía pedir que el tesoro y la pareja que lo custodiaba fueran liberados. Al cabo de dos siglos, un hombre completó estas pruebas, pero no pidió nada a cambio. Al marcharse, el sacristán entregó al campeón una moneda de oro.

Pasaron unos días y el hombre se enteró de que uno de sus vecinos vendía su rebaño de ganado, así que fue a comprarse un toro. Cogió la moneda de oro y, para su sorpresa, se multiplicó y siguió multiplicándose hasta que tuvo suficientes monedas para comprar todo el rebaño.

La noticia se difundió rápidamente y la gente se preguntaba cómo este hombre, que tenía fama de pobre, había conseguido comprar el ganado. Llegaron a la conclusión de que debía de haber hecho un pacto con el diablo. Se negaron a comerciar con él y lo condenaron al ostracismo. Pronto, no pudo soportarlo más y devolvió el rebaño a su vecino a cambio de la moneda de oro encantada, y la llevó de vuelta a la cueva.

Cuando se la devolvió al sacristán, se rompió la maldición. Teiniaguá y su sacristán abandonaron la cueva y se instalaron en Río Grande do Sul, donde se dice que los pueblos de herencia ibero-amerindia son sus descendientes.

Hay muchos mitos y leyendas en el canon brasileño que innegablemente tienen su origen en el vergonzoso periodo de la esclavitud.

São Luís es la capital y la ciudad más grande del estado de Maranhão, hogar del pueblo indígena tupinambá. Tiene una historia interesante, sobre todo porque fue fundada en 1612 por un oficial de la marina francesa y pasada a manos portuguesas tres años después. También estuvo bajo ocupación holandesa entre 1641 y 1644. En los últimos tiempos, se ha convertido en el corazón del reggae en Brasil y cuenta con una cultura vibrante y popular.

São Luís también alberga la fantasmagórica historia del carruaje de Ana Jansen. En plena noche, un anticuado carruaje traquetea por las calles. Es tirado por caballos sin cabeza y guiado por un cochero, al que también le falta una cabeza. Por si fuera poco, el traqueteo del carruaje va acompañado de lamentos de almas atormentadas o del chirrido de engranajes necesitados de engrase.

En el interior del carruaje se encuentra Ana Jansen, fuertemente velada, a la que nadie ha conseguido ver. Se dice que en vida fue una malvada propietaria de esclavos que impuso crueles castigos sin motivo alguno. Su embrujo es un intento de expiar su maldad, ya que implora a los transeúntes que recen por su alma desde el interior de su oscurecido carruaje.

Ana Jansen fue una persona real. En el siglo XIX, fue desterrada de la casa familiar cuando se descubrió que estaba embarazada. Entonces mantuvo una relación amorosa con el coronel Isidoro Pereira, el hombre más rico de la provincia. Había hecho una fortuna con sus plantaciones de algodón y azúcar, donde los trabajadores africanos esclavizados proporcionaban la mano de obra pesada.

A su muerte, Ana Jansen se hizo cargo de sus intereses comerciales y tuvo mucho éxito, tanto que Dom Pedro II, emperador de Brasil, la llamó la «reina de Maranhão». Aunque es cierto que tenía más trabajadores esclavizados que nadie en la región, no hay pruebas tangibles de que fuera más cruel que cualquier otro propietario de esclavos.

Incluso en vida, hubo rumores sobre su crueldad y maldad. Se decía que había tenido numerosos romances con figuras prominentes para aumentar su riqueza y estatus. Se suponía que había envenenado el suministro de agua de la ciudad arrojando gatos muertos a los pozos para que los habitantes se vieran obligados a comprarle agua a ella.

Su supuesto trato a los esclavos era increíblemente brutal. Los hacía postrarse boca abajo en el suelo para que ella pudiera caminar sobre ellos y así evitar que sus zapatos se mancharan de barro cuando llovía. Cualquier esclavo que ella considerara desobediente o demasiado bonito sería arrojado a un pozo de pinchos. Se decía que la gente de Maranhão la odiaba. Un comerciante vio en ello una oportunidad de negocio. Encargó un gran número de *penicos* (bacinillas) con una imagen de su rostro en el fondo. Ana Jansen se enteró y envió discretamente a su personal a comprarlos todos. Días después, este comerciante abrió la puerta de su casa y se encontró con que todos los *penicos* habían sido abandonados allí. Estaban llenos de excrementos humanos.

Parece haber pocas dudas de que su reputación fue embellecida o incluso completamente inventada. Este mito es un buen ejemplo de cómo se vilipendia a las mujeres por sus éxitos.

Existe una leyenda sobre la procesión de los muertos que comparte elementos de la historia de Ana Jansen. Trata de una vieja entrometida que se pasaba el tiempo en su ventana, espiando a sus vecinos en busca de cualquier cosa de la que pudiera cotillear. Era muy conocida por su comportamiento poco caritativo y sus maneras rencorosas.

Un Miércoles de Ceniza, a altas horas de la noche, estaba en su ventana, como de costumbre, cuando vio una procesión de figuras encapuchadas abriéndose paso lentamente por la calle. Ella sabía que la iglesia no había planeado tal procesión y, en cualquier caso, era demasiado tarde para tales actividades. A pesar de ello, permaneció pegada a la ventana, desesperada por saber qué ocurría.

Cuando las figuras pasaron por delante de su casa, una de ellas le entregó una vela y luego desaparecieron. Sin nada más que ver, la anciana se fue a la cama, pero a la mañana siguiente, fue a recoger la vela, solo para descubrir que era un hueso humano. Sobra decir que se dio cuenta de la insensatez de sus actos y nunca más volvió a husmear ni a cotillear.

Algunos creen que esta procesión de espíritus que caminan a medianoche son los espíritus de los pueblos africanos llevados a Sudamérica por los europeos que nunca volvieron a ver a sus familias ni sus tierras natales. Por ello, sus vidas están incompletas y necesitan marchar para conseguir algún tipo de cierre antes de que sus almas puedan pasar al otro mundo.

También se cree que la procesión es un presagio de la muerte. Se dice que el líder de los manifestantes fantasmales llama a la puerta de la próxima persona de la comunidad que va a morir.

En la tradición de partes del cuerpo flotantes embrujadas que impregna la mitología brasileña, existe una mano incorpórea de piel negra y peluda. Se cree que esta presencia mítica se materializa sobre todo en las regiones del sureste de Brasil y es especialmente frecuente en São Paulo. Se la conoce como Mãozinha-Preta («Manita Negra») o Mãozinha-da-Justiça («Manita de la Justicia»), y se cree que es el espíritu de una persona esclavizada africana llevada a Brasil.

Su razón de ser es ayudar a proteger a los afrobrasileños de los ataques racistas e impartir justicia si alguno de ellos resulta herido. Pellizcará, abofeteará o golpeará a cualquiera que perciba como una amenaza para aquellos a los que protege.

En la época de la esclavitud, los agotados trabajadores negros podían pedir ayuda a la mano cuando estaban abrumados por el trabajo, sabiendo que nunca les haría daño. En una historia, un avaricioso propietario de esclavos la llamó para que hiciera el trabajo de algunos de sus trabajadores, y esta accedió a regañadientes. Pero cuando el dueño de los esclavos le ordenó que golpeara a sus esclavos, se volvió contra él, furiosa, y lo golpeó hasta casi matarlo. Tuvo suerte; algunos dicen que la Mãozinha-Preta estrangula a sus enemigos.

Capítulo nueve - Cuentos populares y de hadas

La historia brasileña del gato de Domingo tiene grandes similitudes con las europeas del Gato con Botas, Dick Whittington y Aladino de *Las mil y una noches*.

Domingo era un joven que tenía un gato al que adoraba. Era pobre y sacrificaba con gusto sus propias necesidades para asegurarse de que su gato estuviera alimentado.

Un día, su gato le dijo que no se preocupara más porque él estaba tomando el control y haría su fortuna. Fue al bosque y cavó un hoyo. Encontró cinco piezas de plata. Compró algo de comida para él y Domingo y luego llevó el resto de la plata al rey.

Al día siguiente, el gato volvió al bosque y desenterró varias piezas de oro, que también llevó al rey. Al tercer día, desenterró diamantes y se los regaló al rey.

Para entonces, el rey ya había empezado a preguntar quién le hacía estos magníficos regalos, y le presentaron al gato. El gato le dijo que eran de su amo, Domingo.

El rey pensó que el tal Domingo debía de ser extremadamente rico y un marido potencial para su encantadora hija. Le pidió al gato que llevara a Domingo a palacio para que pudieran concertar un matrimonio.

Cuando el gato se lo dijo a Domingo, este protestó diciendo que era imposible que se casara con la princesa. ¿Qué podría ponerse? El gato le dijo que no se preocupara y regresó al palacio real. Le contó al rey que había habido un terrible incendio donde se confeccionaba y guardaba la ropa de Domingo, y que sus sastres habían muerto quemados. Le preguntó al rey si Domingo podía pedir prestado algo adecuado. El rey, comprensivo ante esta calamidad, le prestó a Domingo uno de sus mejores trajes.

Domingo se lo puso y parecía un noble príncipe, pero seguía preocupado. ¿Dónde vivirían él y la princesa?

El gato le dijo que no se preocupara y viajó por el bosque hasta una montaña donde vivía un gigante en un palacio. El gato pidió cortésmente al gigante que prestara este magnífico palacio a su amo, pero el gigante se indignó ante la petición y se negó. Rápidamente, el gato convirtió al gigante en un ratón, luego lo mató y se lo comió.

Domingo y la princesa se casaron y navegaron río abajo en una fantástica barcaza hasta el palacio del gigante. Estaba lleno de riquezas más allá de sus sueños más salvajes. Domingo se volvió hacia su gato para agradecerle todo lo que había hecho, pero este se había ido.

El misterioso, inteligente y sabio gato se había ido para traer buena fortuna a otra persona que lo valoraba por encima de todo. Domingo nunca lo olvidó, y vivió una larga y feliz vida con su princesa.

En una historia que explica cómo las palomas se volvieron mansas, un padre tenía tres hijos listos para salir de casa y abrirse camino en el mundo. Les dio a cada uno un melón grande con la advertencia de que solo debían abrirlos con agua.

Siguiendo la tradición de los cuentos, los hermanos tomaron cada uno un camino diferente. Era un día caluroso y el mayor abrió su melón nada más salir para no tener que cargar con él. Para su asombro, una hermosa joven salió de la fruta y le pidió agua o leche. El joven no tenía ninguna de las dos cosas, y ella cayó de rodillas y murió.

El segundo hijo había elegido un camino que lo llevaba cuesta arriba. Rápidamente, pasó calor y se cansó. Pronto sintió una sed insoportable y rompió su melón, ansioso por un poco del jugo que contenía. Al igual que antes, otra encantadora doncella salió de él, pidiéndole agua o leche. Él tampoco pudo proporcionarle ninguna de las dos cosas, y ella murió allí mismo.

El tercer hermano estaba encontrando su viaje igual de difícil. El terreno era difícil, y estaba cansado y tenía sed, pero no olvidó el consejo de su padre. Siguió cargando la pesada y engorrosa fruta.

Finalmente, llegó a un pueblo donde vio una fuente. Después de beber él mismo, abrió el melón y salió una hermosa mujer. En cuanto ella se lo pidió, él le dio un poco de agua, y luego ella se escondió en un árbol cercano mientras él iba a buscar algo de comida para ellos.

Mientras esperaba, observó a la gente del pueblo que se acercaba a la fuente a por agua. Una bonita negrita esclavizada que llevaba una gran vasija en la cabeza no pudo resistirse a admirar su reflejo en el agua. Al contemplar su propio rostro, pensó para sí misma que no debería estar acarreando agua para su vieja y perezosa ama y arrojó la vasija al suelo, rompiéndola en miles de pedazos.

Sin embargo, cuando regresó sin la vasija ni el agua, fue azotada como castigo y enviada de nuevo con una nueva vasija de agua. Mientras se agachaba para llenarlo, oyó a la joven del árbol reírse suavemente. Al darse cuenta de que su momento de vanidad debía de haber sido visto por alguien, sacó con rabia un alfiler de su delantal y se lo clavó a la mujer del árbol. Cuando su afilada punta atravesó su piel, se transformó en una paloma.

El joven regresó y la doncella negra, aterrorizada, se escondió entre las ramas del árbol. Cuando la vio, no entendía qué había pasado, pero la criadita le dijo rápidamente que se había quemado mucho con el sol mientras lo esperaba. Satisfecho, se la llevó consigo y se casaron.

Sin embargo, el joven siempre se sintió incómodo con su novia, y sus quemaduras de sol nunca desaparecieron. Con los años, se hizo muy rico y compró una gran casa para su familia, con un magnífico jardín que se convirtió en su orgullo y alegría. Se deleitaba con las plantas exóticas y perfumadas que podía cultivar, y los pájaros venían de muy lejos para cantar en este lugar tan especial. Cuando el hombre se paseaba por los senderos de su jardín, una paloma parecía seguirlo siempre. El ave volaba constantemente a su alrededor, lo que le resultaba muy irritante.

Cuando su mujer cayó enferma, ordenó que le cocinaran este pichón. Mientras se estaba asando, el cocinero se dio cuenta de que había algo incrustado en la pechuga del ave. Ninguno de los empleados de la cocina pudo sacarlo. Llamó al amo y este pudo arrancar fácilmente el alfiler del pichón. Al instante, se transformó en la encantadora doncella que había salido del melón.

Ante esta mujer, la esposa del hombre lloró al admitir lo que había hecho y luego (convenientemente) murió. La mujer melón y el hombre se casaron y tuvieron una vida larga y feliz, pero ella siempre recordó su vida como paloma. Hasta entonces, estas aves siempre habían vivido en lo profundo de los bosques y lejos de las ciudades. Ella hizo construir casitas en el jardín para que pudieran anidar allí. Con el tiempo, las familias de palomas vieron las casitas y anidaron en ellas, poniendo sus huevos y criando a sus pichones en aquel hermoso verdor.

A partir de entonces, las palomas (según la historia) se acostumbraron a vivir junto a la gente y abandonaron los bosques para anidar en las ciudades de Brasil.

La mandioca, o planta de la yuca, es un arbusto leñoso originario de Sudamérica. Su raíz amilácea es uno de los pilares de la cocina brasileña y puede utilizarse de varias formas diferentes. Se puede utilizar de forma muy parecida a la papa, se puede secar y moler para hacer harina, y tiene probados beneficios para la salud.

El mito de cómo surgió se ha transmitido de generación en generación. Érase una vez, la hija de un jefe importante descubrió que estaba embarazada. Nunca había tenido una relación y no podía explicar cómo había sucedido, pero su padre no la creyó. La castigó cruelmente, exigiendo conocer la identidad del padre de su bebé. Sin embargo, ella no podía decírselo; realmente no tenía ni idea de cómo había sucedido.

Al cabo de nueve meses, dio a luz a la niña más asombrosa. Esta niña, llamada Mani, podía andar y hablar antes de cumplir un año. Su carácter alegre la hizo querer a todo el mundo.

Entonces, de repente, sin ninguna explicación, Mani murió. La comunidad estaba consternada y el jefe de la aldea insistió en que debía ser enterrada en su casa, cerca de donde dormía.

Poco después, una extraña planta empezó a crecer de su tumba, y un espíritu acudió al jefe en sueños. Le dijo que desenterrara la planta en busca de la raíz, que traería sustento y buena salud a su pueblo. Así lo hizo, y desde entonces la mandioca se ha convertido en un alimento básico en la dieta de la gente.

Existen varias historias sobre los animales de la selva. Muchos siguen la tradición de explicar por qué tienen ciertas características, como por qué el sapo tiene la piel amoratada y cómo el conejo perdió la cola. Los monos tienen más que su parte justa de estos cuentos populares. El más conocido de estos cuentos de monos explica por qué creen que los plátanos les pertenecen.

Una anciana tenía un maravilloso jardín en el que cultivaba plátanos, que eran la envidia de todos los que los veían. Como era vieja y no tenía la fuerza ni la agilidad suficientes para trepar a los árboles para recoger la fruta, le pidió al mono más grande que lo hiciera a cambio de la mitad de lo que ella había cultivado.

Este mono se puso manos a la obra e hizo lo que se le había pedido. Sin embargo, cuando terminó, se llevó todos los plátanos grandes y maduros como su mitad y dejó a la anciana con la fruta más pequeña y dura que crecía en la parte inferior de los árboles.

La anciana estaba furiosa por haber sido engañada y resolvió vengarse del gran mono. Después de pensarlo mucho, hizo un niño pequeño de cera y le puso una cesta encima de la cabeza para que pareciera un vendedor ambulante. Luego, encontró los plátanos más gordos, dulces y amarillos y los colocó en la cesta.

Muy pronto, el gran mono pasó junto al pequeño niño de cera y vio los tentadores plátanos. Con su voz más engatusadora y lastimera, el mono le suplicó al niño que le diera un plátano. Por supuesto, el niño de cera no dijo nada.

El mono grande no estaba acostumbrado a que lo ignoraran y le dijo enfadado que lo empujaría si no le daba un plátano. Aun así, el niño de cera permaneció en silencio, así que el mono grande le dio un fuerte empujón con su pata delantera derecha.

Su pata se hundió en la cera y se quedó firme. El mono estaba furioso y exigió al chico de la cera que lo soltara inmediatamente y le diera dos plátanos. De lo contrario, lo empujaría de nuevo. El chico no respondió, así que el mono volvió a empujarlo.

Con las dos patas delanteras atascadas en la cera, el mono grande ardía de rabia y pateó al chico de tal forma que sus patas traseras también quedaron atascadas. Rugió y aulló hasta que casi todos los monos del bosque acudieron a ver qué terrible calamidad le había ocurrido al mono más grande.

El mono más pequeño tuvo la idea de que todos debían subirse unos encima de otros formando una enorme pirámide, con el mono más ruidoso en la cima, para poder llamar al sol y pedirle ayuda.

El sol se compadeció de la difícil situación del mono más grande y envió sus rayos más calientes para derretir la cera hasta que el mono más grande pudo liberar sus patas.

La pobre anciana se quedó atónita al ver que el sol ayudaba a los monos. Se reían, vitoreaban y le hacían gestos groseros. Vio que no tenía sentido que siguiera allí. Dejó su huerto de plátanos en manos de los jubilosos monos y se mudó muy lejos. En su nuevo hogar cultivó coles.

El colorido de las alas de los escarabajos de Brasil se explica en una fábula similar al cuento de Esopo de la tortuga y la liebre. Comienza en la época en que todos los escarabajos eran marrones. Una rata gris vio a un pequeño escarabajo marrón hembra que avanzaba lenta pero firmemente mientras caminaba por una pared. La rata se burló de ella por su falta de velocidad.

La rata le mostró lo rápido que podía lanzarse y escabullirse, pero ella apenas miró, en lugar de continuar su camino. Un loro azul y dorado que había estado observando con interés desde su percha bajó volando y sugirió que si corrían, les proporcionaría un abrigo nuevo de los colores brillantes que quisiera el ganador, cortesía de su amigo, el pájaro sastre.

El pequeño escarabajo soso y la rata gris apagada encontraron esta perspectiva irresistible. Ambos soñaban con brillar. La rata presumía de que pronto tendría rayas naranjas como un tigre, pues estaba segura de que ganaría.

Cuando empezó la carrera, el pequeño escarabajo arrancó con determinación. La rata vio el laborioso progreso que estaba haciendo y no vio ningún sentido en apresurarse, pero cuando llegó a la línea de meta, el pequeño escarabajo le estaba esperando allí. «¿Cómo puede ser?», se preguntó.

El pequeño escarabajo le explicó que había decidido volar. La rata no se había dado cuenta de que tenía alas y aceptó que le habían ganado. El loro cumplió su palabra y el pequeño escarabajo recibió un hermoso pelaje verde que brillaba con oro a la luz del sol.

Durante mucho tiempo, los escarabajos estuvieron encantados con estos abrigos verdes hasta que, un día, otro pequeño escarabajo anheló ser tan azul como el cielo de verano. Fue a ver al pájaro sastre y le rogó que le hiciera un abrigo azul celeste.

El pájaro sastre accedió, pero le dijo que tendría que perder algo. El pequeño escarabajo aceptó de buen grado. Cuando el abrigo estuvo hecho, era aún más hermoso de lo que el pequeño escarabajo había imaginado, con relucientes destellos plateados. Se lo puso y rápidamente se dio cuenta de lo que había perdido. Era suave en lugar de duro, como lo había sido su abrigo verde y dorado, y desde entonces no volvió a crecer. Por eso los escarabajos azules de Brasil son mucho más pequeños que sus primos.

Esta historia termina con la bandera brasileña. Se sugiere que el fondo es el verde esmeralda del pelaje del primer escarabajo, y el rombo amarillo es su brillo dorado. Dentro hay un círculo azul que representa la tierra. Se cree que representa a los escarabajos más pequeños, y las estrellas blancas son como los destellos plateados que realzan su pelaje. Debajo está el lema de Brasil, «Ordem e Progresso» («Orden y progreso»), palabras que el pequeño escarabajo sabio podría haber gritado cuando corría con la rata.

Conclusión

A pesar de los variados y extraordinarios mitos de la creación transmitidos de generación en generación, hay una notable falta de mitos escatológicos exclusivos de Brasil que hayan sobrevivido, suponiendo que alguna vez existieran. Existen, por supuesto, el Apocalipsis y el Día del Juicio Final en la tradición cristiana. El catolicismo sigue siendo la religión más practicada en Brasil (en 2020, el 54,2 % de la población se identificaba como católica).

Esta falta de preocupación por el fin de los días se debe probablemente a la creencia fundamental en la renovación y la regeneración y a un fuerte sentido de la espiritualidad. La muerte se acepta como parte de la existencia en la mayoría de los sistemas de creencias indígenas, pero a través de la reproducción social y sexual, se acepta que la sociedad continuará y evolucionará como siempre lo ha hecho. Recordar a los antepasados y la herencia es importante, y las historias comunitarias compartidas ayudan a satisfacer esta necesidad. Más allá de la muerte, los mundos espirituales son imprecisos y están fuera del alcance de los humanos (aunque se cree que algunos chamanes están más cerca de comprender estos secretos), y esta creencia ha servido para ayudar a construir una sociedad fuerte y segura con valores y culturas compartidos.

La mitología de Brasil nos da una idea de las creencias, valores y culturas de las sociedades que existieron y siguen desarrollándose en esta gran y diversa parte de Sudamérica. Estas historias enseñan lecciones de vida que a menudo siguen siendo relevantes en la actualidad.

A lo largo de los siglos, los pueblos que han vivido en Brasil celebraron a sus antepasados y educaron a sus hijos en las mismas tradiciones, demostrando una mayor comprensión y respeto por su entorno. Fueron mucho más capaces de equilibrar su existencia que las culturas posteriores, más sofisticadas, que invadieron y colonizaron con poca consideración por el futuro y la tierra.

Llama la atención que muchas de estas historias se ocupan de proteger el mundo natural y castigar a quienes pretenden destruirlo. Mãe do Ouro («Madre del Oro»), por ejemplo, es una entidad dedicada a detener la destrucción del paisaje en busca del más deseable de los elementos naturales, el oro. Se tiene constancia de su presencia en los estados ricos en oro del sureste, noreste y centro oeste de Brasil desde la fiebre del oro del siglo XVIII, sobre todo en Mato Grosso, Goiás y Minas Gerais. Es poderosa y decidida, y garantiza que los buscadores de oro no puedan explotar las minas del país. Algunos dicen que quien posa sus ojos en ella no vivirá para contarlo.

Hay muchos detalles sobre su aspecto. Es hermosa y muy bella, y lleva un largo vestido blanco que refleja la luz del sol, lo que le confiere un aura de resplandeciente luminosidad. Puede transformarse en una bola de fuego cuando surge la necesidad.

Su presencia indica que hay yacimientos de oro en las cercanías, y algunos buscadores de oro creen que ella podría guiarlos hasta allí si cree que pueden confiar en ella para llevarse solo lo suficiente para sus fortunas personales y prometen no revelar nunca la ubicación a nadie más.

A veces, Mão do Ouro es considerada una guardiana de las mujeres agraviadas, aquellas golpeadas o maltratadas por sus maridos y que viven en la miseria. Se cree que atrae a estos hombres desagradables a una cueva lejos de sus hogares, y allí permanecen el resto de sus vidas mientras ella encuentra hombres buenos que traten a sus viudas con decencia y respeto.

El hermoso archipiélago de Fernando de Noronha, situado frente a la costa noreste de Brasil, está formado por veintiuna islas que forman parte del Estado de Pernambuco. Es un importante destino turístico y Patrimonio de la Humanidad de la Unesco. Su historia es turbulenta y fascinante. Siempre ha tenido una población limitada; de hecho, ha estado deshabitada en ocasiones y fue cárcel de los criminales más peligrosos de Brasil durante largos periodos en los siglos XVIII, XIX y XX.

Estas islas tienen varios mitos y cuentos populares propios que demuestran el alcance y la profundidad de la mitología brasileña y cómo estos relatos han sido moldeados por la historia. Por ejemplo, hay una gitana fantasma que ofrece anacardos a los visitantes. Su historia de origen está ligada a la deportación obligatoria de gitanos a Fernando de Noronha en 1739.

Otra entidad firmemente vinculada a la historia de las islas es el sacerdote sin cabeza que cabalga en su mula blanca por las espectaculares playas blanqueadas por el sol en Quixaba. Se cree que es el espíritu de Francisco Adelino de Brito Dantas, que descubrió una fuente de agua potable para los agradecidos isleños. No se sabe con certeza por qué perdió la cabeza y cabalga por la bahía, muerto.

Se dice que el espíritu de una mujer que fue traicionada por su marido vive en el interior del Morro do Pico, una montaña de Fernando de Noronha. Aparecerá un barranco en el que se abrirá una puerta, revelando una luz brillante. El espíritu, en forma de una mujer encantadora, sale de la puerta para encontrar a un joven al que llevar a la montaña con ella. Nunca se lo volverá a ver, aunque sus débiles gritos podrán oírse durante varios días.

Alamoa, que una vez fue reina del archipiélago, es otra seductora. Está descontenta con que las islas estén habitadas. Vaga como una joven despampanante por su antiguo reino, buscando hombres a los que atrapar. Una vez que tiene su atención, están perdidos. O bien los lleva a la cima del Morro do Pico, donde se sienten obligados a saltar hacia su muerte, o bien los atrapa en su cueva. Una vez allí, ella vuelve a su estado natural —un esqueleto putrefacto— y los hombres mueren de miedo.

A diferencia del otro espíritu femenino de la montaña, no soporta la luz. Algunos de los prisioneros recluidos en la cárcel de la isla contaron cómo la veían antes de una tormenta. Parecía estar bailando, suspendida en el aire nocturno y completamente desnuda.

Se cree que su nombre procede del portugués *alemã*, que significa «mujer alemana», y se supone que es rubia, de ojos azules y piel muy clara. Sin embargo, es más probable que originalmente fuera un personaje de un cuento holandés. Ocuparon brevemente el noreste de Brasil en el siglo XVII.

Estas historias sirven como un microcosmos de la mitología brasileña. Estos cuentos toman elementos de las tradiciones orales de las tribus indígenas, detalles de hechos reales y mensajes morales o de advertencia. Mezclan el mundo natural con el espiritual, mostrando la importancia de ambos mundos en la vida cotidiana.

Vea más libros escritos por Enthralling History

Referencias

Bierhorst, John
The Mythology of South America (1988)

Ardagh, Philip
South American Myths and Legends (1998)

Parker, Victoria
Traditional Tales from South America (2001)

Eells, Elsie Spicer
Fairy Tales from Brazil: How and Why Tales from Brazilian Folklore (2002)

Silva, Murilo Fidelis
Into the Wild: A Brief Journey into the Heart of Brazilian Folklore Legends (2023)

Cuscudo, Mario
Legends of the Amazon: Exploring Brazilian Mythology (2023)

Storm, Rachel and Carter, Geraldine
The Illustrated Guide to Latin American Mythology (1995)

Dorson, Mercedes and Wilmot, Jane
Tales from the Rain Forest: Myths and Legends from the Amazonian Indians of Brazil (1997)